Mirella Baldassarre

Disturbi alimentari e psicopatologia

Borla

ISBN 88-263-1449-7

Ai miei genitori

Introduzione

Molte persone fanno abuso di cibo: bambini, adolescenti, adulti, tutti possono mangiare con voracità, possono rifiutare il cibo o ingozzarsi, liberarsene con il vomito, altrimenti con purghe e lassativi. In questi anni il fenomeno ha assunto dimensioni di vasta risonanza: bambini, adolescenti e adulti spesso rivelano un desiderio smodato di cibo, un rapporto insano con la fame che sfocia in una relazione altrettanto deviata con se stessi. Il corpo perfetto, scultoreo, tanto idolatrato dalla società dei consumi, è un bene da esporre per essere accettati, per salire le scale del successo, diventa un obiettivo ossessionante per alcuni nostri adolescenti, che ingabbia ogni progettualità, ancorandola al controllo continuo che esercitano sul proprio corpo. Questi soggetti, indipendentemente dall'età, cercano di trovare uno «scarico» anche se momentaneo alle tensioni che li agitano, un modo per allontanare i problemi di fondo in cui si dibattono, dietro cui risiedono i conflitti personali. Per quanto possiamo essere discordi con la nostra società sul concetto di bellezza con i canoni da essa stabiliti, essi tuttavia rimangono attivi nell'attribuire all'individuo un valore assoluto, purtroppo spesso ne dominano la vita, e attraverso il «corpo palestrato» molti dei nostri adolescenti fanno dell'apparenza lo strumento per sentirsi accettati, un passaporto per strutturare relazioni interpersonali. Il cibo quindi va ad assumere un valore ben più profondo di quello relativo alla nutrizione.

Spesso capita di assistere a un «rifiuto normale» di alimentarsi, come ad esempio si manifesta nello sciopero della fame, fenomeno appartenente a tutte le società. Il fine è quello di esercitare pressione per raggiungere gli obiettivi prefissati: dai leader politici ai prigionieri, l'intento è che attraverso la sofferenza apertamente procurata a se stessi, si riesca ad influenzare coloro i quali sono presi di mira. Accanto a questo aspetto masochista del fenomeno notiamo anche il tratto esibizionista: tutti gli scioperi della fame abitualmente si fanno in pubblico, e i media ne amplificano la risonanza, e non avvengono certo in privato, lontano dagli sguardi altrui. La perdita di peso volontaria, che è l'elemento maggiormente usato, serve per fare impressione sugli indifferenti, attrarne l'attenzione, spaventarli con l'immagine di morte che tali situazioni suscitano.

Un attento esame ci rivela che in fondo gli stessi meccanismi di precarietà sono impiegati dai pazienti che presentano un'inappetenza di origine psicologica o un'anoressia: il risultato di un simile comportamento è la tenace preoccupazione che attanaglia le loro famiglie, e una simile reazione dell'ambiente è naturalmente comprensibile. È indiscutibile che la ricerca di cibo è sottesa da un bisogno alimentare, fisiologico, destinato ad assicurare la sopravvivenza, ma d'altro canto le circostanze affettive che lo accompagnano forniscono una coloritura particolare, ecco che il legame tra cibo ed emozioni, come vedremo, si profila sempre più stretto. Diventa compito arduo il voler distinguere aspetti di natura fisiologica da quelli di origine psicologica in quanto, anche per la persona così detta normale, il cibo non è mai legato solo alla spinta biologica, ma risente dell'articolazione di fattori familiari e sociali che vanno a costituire le abitudini alimentari, che variano da persona a persona perché il peso corporeo è un «vissuto» strettamente individuale, che può compromettere o facilitare i rapporti interpersonali in quanto influenza il nostro modo di porci con gli altri e prima ancora la percezione che abbiamo di noi. Comunque la nostra società perversa e narcisista, che inneggia alla perfezione, costituisce per le giovani anoressiche l'ambiente adatto a controllare sempre più la loro magrezza, per quelle bulimiche la lotta per raggiungere un corpo perfetto e per quelle obese spesso un modo per difendersi, corazzandosi. I fattori culturali influenzano le abitudini alimentari: esaltano alcuni cibi, ne proibiscono altri.

Molte religioni propagano l'astinenza volontaria di cibo per donare al corpo quanto allo spirito la purificazione, per liberarlo dalle preoccupazioni di ordine materiale e riportare la «mente» a uno stato di libertà, per cui si escludono o introducono alcuni cibi per rispetto di «regole supe-

riori». Il rapporto con il cibo variava nelle differenti società antiche, però era comune il desiderio di voler conservare snello il corpo. Gli Spartani, ad esempio, controllavano i giovani e il loro aumento di peso era combattuto con intensi esercizi fisici: il corpo forte scultoreo era il modello presentato dalla società guerriera. I Cretesi, secondo i Greci, usavano un farmaco che consentiva loro di rimanere magri, nonostante l'abbondanza di cibo di cui facevano uso. Gli antichi romani odiavano la grandezza del corpo e le donne del periodo imperiale ricorrevano a una rigida alimentazione per conservarlo agile. Inoltre essi inventarono il vomitorio: scoperta che permetteva loro di lasciarsi andare a banchetti sontuosi e consumare quantità esorbitanti di cibo, per poi liberarsene. Il poeta Orazio era un raffinato buongustaio, al quale era riconosciuta la squisita eleganza dei suoi pranzi, e anche Mario consumava quantità enormi di cibo. Ogni epoca in realtà ha affermato il suo credo e nel Medioevo la golosità era annoverata fra i vizi capitali, con la contraddizione che il grasso, quindi l'abbondanza, era poi visto come segno divino, in altre parole uno stato di grazia. Però si sa che le classi disagiate erano sprovviste di mezzi di sostentamento e solo i ricchi potevano alimentarsi in abbondanza.
Attualmente l'obesità ha spesso incidenza nelle classi sociali più disagiate, lo confermano le ricerche effettuate intorno agli anni cinquanta e ottanta, sia nelle donne che negli uomini e soprattutto negli adolescenti. Perché i primi anni della vita sembra abbiano un'importanza determinante sul peso del corpo e nello sviluppo successivo dell'individuo, e per quanto riguarda l'obesità lo status socioeconomico della famiglia è particolarmente rilevante. Il cibo riunisce in sé altri aspetti che definiremo sociali. Infatti credenze religiose, nazionali e culturali, quindi tradizioni e ideologia, investono le abitudini alimentari che caratterizzano la famiglia e il gruppo in seno alla società nella quale viviamo, racchiudendo valori emotivi di calore o di disagio emotivo. Ma i pochi parametri ai quali abbiamo accennato sono solo l'aspetto sociologico del problema, quindi più esterno, perché il nostro obiettivo è quello di cogliere il rapporto tra evoluzione psichica e disturbi alimentari, rilevando così anche il sistema di relazioni familiari in cui l'individuo si sviluppa e cogliere la rispondenza tra il suo funzionamento psichico e il rapporto con il

cibo, perché, come vedremo nelle pagine seguenti, il cibo assume nella relazione madre-bambino anche un valore affettivo determinante, di gratificazione e di rifugio.
Dobbiamo considerare *il modello ideale* di uomo e di donna. Non è isolato, perché l'immagine mentale che ognuno di noi costruisce di se stesso, di quello che vorrebbe essere o che vorrebbe che l'altro fosse, la sua donna o il suo uomo ideale, non sono staccati dal momento storico che l'individuo si trova a vivere, il contesto spinge a creare questo o quel modello di uomo o di donna, ne esalta le qualità e ne evidenzia i difetti: la scelta va dall'obeso/a, al magro/a, allo scheletrico. Si potrebbe riflettere sul fatto che una parte dell'umanità via via che esce dal disagio procurato dalle carestie e povertà che hanno caratterizzato e caratterizzano la vita in questo o quel continente, cambia la sua immagine ideale maschile e femminile di rappresentarsi la felicità, passando da quella abbondantemente nutrita a quella magra e scattante, applicando sempre più l'attenzione, fino a diventare perversa, alla perfezione dei particolari che snaturano le qualità dell'individuo per accentuarne le caratteristiche di «perfezione» narcisistica. In questo senso le donne, anche gli uomini comunque, non sfuggono a questo freno: alla donna di questo secolo si richiede un corpo da bambola, si esalta il muscolo perfetto e a farne maggiormente le spese sono i nostri adolescenti, come vedremo in seguito, perché, vulnerabili nell'accettare quei difetti che invariabilmente fanno parte del bagaglio di ciascuno, rischiano di trasformarsi in tante Barbie o Ken. Il piacere o disgusto del cibo può quindi portare a varie forme di psicopatologia.
Ci sono situazioni in cui la fame «agisce» sotto la spinta inarrestabile, non viene sedata dall'assorbimento normale del cibo, perché il suo bisogno imperioso non risponde alle caratteristiche dell'appetito. Ma si configura con un avvenimento spinto all'eccesso come si verifica nell'obesità, può abbracciare percorsi dettati dalla spinta compulsiva come nella bulimia, oppure rispettare le regole rigide dell'anoressia che riduce il soggetto «alla fame». In ciascuno di noi il mangiare procura la soddisfazione del bisogno orale primitivo, con l'effetto di placare l'angoscia a cui molti individui sono confrontati. Il cibo assurge «istantaneamente» al ruolo di farmaco benefico per sostituire altre e più profonde soddisfazioni che l'individuo non è in grado

di procurarsi, o in certi casi non è in grado di percepire, come avviene nei livelli meno evoluti dello sviluppo della personalità.
Questi aspetti dovrebbero essere attentamente valutati dal medico quando riceve la richiesta di dieta da parte del paziente oppure dal genitore per il proprio figlio, soprattutto quando si tratta di bambini o adolescenti. Sempre si riscontra una dinamica psicologica che gioca un suo ruolo ben preciso, che la clinica ci permette di cogliere rispetto all'assunzione di cibo, naturalmente accanto a quella che è la realtà biologica del soggetto. La maggior parte degli specialisti rischia di essere intrappolata da una simile richiesta destinata al fallimento, perché le diete non vengono rispettate e l'insuccesso è assicurato e poi perché nascono altri e più profondi bisogni, e a volte fino ad arrivare a un vero rapporto perverso con il cibo.
Riferendoci alla patologia alimentare, vediamo che essa è caratterizzata da comportamenti differenti, che toccano gli estremi: da un lato il mangiare quantità enormi di cibo, come avviene nell'obesità, dall'altro il rifiuto che a volte si instaura con una limitazione così rigida da compromettere, nei casi gravi, la stessa sopravvivenza, come avviene nell'anoressia. A volte invece si manifesta con un comportamento alternante nel senso che il soggetto va dall'anoressia alla bulimia e viceversa, e questo rapporto distorto con il cibo non è prerogativa solo di adulti o adolescenti, ma anche di bambini. Molti dei soggetti da noi incontrati sono ossessionati da anni di diete in realtà mai rispettate, nel caso della bulimia e dell'obesità, e l'obiettivo raggiunto dall'insuccesso è quello di un forte aumento d'ansia, da parte del soggetto, che rinvigorisce la disistima.

Parte prima

Evoluzione psichica e cibo

Cibo ed emozioni

a) Connessione tra cibo ed emotività

Potremmo chiederci: *quale connessione esiste tra cibo ed emotività? Perché proprio il cibo?*
Il cibo costituisce fin dalla nascita per il bambino fonte di nutrimento e affetto, contemporaneamente acquista un risvolto psicologico che influenzerà incisivamente il suo sviluppo psichico a vantaggio o svantaggio dei comportamenti futuri. Il rapporto con il cibo può rivelare un desiderio insano di fame, o essere fonte di piacere che vede il calare della tensione biologica da un lato, e dall'altro costituisce esperienza affettiva condivisa con la propria madre. Basti considerare «l'atmosfera» che accompagna i pasti di un bambino per afferrare il clima affettivo che caratterizza la loro relazione e quella tra i componenti del nucleo familiare. La qualità delle sue prime relazioni oggettuali determina uno schema su cui andranno a innestarsi le relazioni future. Ecco che aspetti biologici e psicologici si intersecano costituendo un bagaglio emotivo che influisce sullo sviluppo evolutivo determinandolo al positivo o pregiudicandolo. Il bisogno fisiologico crea tensione, essa sparisce quando è soddisfatto. Il bambino smette di piangere se cambiato quando è bagnato, se è nutrito quando ha fame, cioè se c'è comprensione dello stato di disagio in cui si dibatte, e con la soddisfazione del suo bisogno sperimenta il piacere. La sensazione di piacere non è solo quella di far tacere la fame ma contemporaneamente la vicinanza della madre, l'esplicazione della sua tenerezza esercitano su di lui un effetto veramente notevole. In questo modo funzione biologica e psicologica si intrecciano, così pure i due aspetti della madre, da un lato dà nutrimento e dall'altro si mostra come persona-riferimento che dà attenzioni. Il cibo diventa allora un momento di condivisione emotiva e di esaurimento della tensione biologica portan-

do l'esperienza dell'appagamento che crea benessere. Naturalmente la disponibilità della madre è determinante. Gli autori hanno ormai da tempo evidenziato la sua capacità di intervenire in modo adeguato alle richieste del bambino, perché in tal modo fornisce un bagaglio narcisistico che determina l'evoluzione normale o patologica del bambino, gli permette di investire l'altro e anche se stesso come oggetto d'amore, di sviluppare e rafforzare il proprio narcisismo. Non dimentichiamo che già nel primo anno di vita il bambino vive esperienze dolorose come l'eruzione dentaria e lo svezzamento, per cui anche se ben accudito si troverà a vivere situazioni ambivalenti dipendenti in parte dal proprio bisogno e in parte dalla persona che si occupa di lui e della sensibilità di quest'ultima nel comprendere le sue reali esigenze; è per questo che momenti di tenerezza e di aggressività si alternano nella relazione madre-bambino. La madre è così fantasticamente vissuta *come madre nutrimento*, donatrice di cibo e calore, succhiata e addentata, perciò vissuta sotto la doppia veste di protettrice e di pericolosa. In questo modo si sviluppa lo *stadio orale* in cui cibo e affetto si identificano e attraverso il nutrimento si sviluppa una relazione caratterizzata da più aspetti: affetto, ambivalenza, rifiuto, aggressività. Una relazione in cui il bambino esprime il bisogno nei riguardi della madre, di incorporarla, di possederla, di distruggerla, che arricchisce il suo narcisismo ma che a volte può diventare pericolosa e quindi distruttrice quando questa relazione interpersonale trascura le capacità reali del bambino e i suoi mezzi effettivi a reggere le frustrazioni. Le madri *"fantasticate"* donano coccole anche attraverso il cibo buono: cioccolata, dolci, confetti, ma d'altro canto generano anche i fantasmi spaventosi che vanno a popolare l'immaginario del bambino sotto le sembianze di lupi, streghe che usano stratagemmi pericolosi che lo spaventano, da ciò scaturiscono timori, fobie e quindi emerge l'immagine di una madre cattiva, onnipotente, capace di distruggerlo, si delinea in questo modo l'aggressività della madre pregenitale che è di chiara marca divorante. Abraham e Klein hanno posto l'accento sui fantasmi dell'essere divorato e il contributo da essi dato allo sviluppo di forme gravi di psicopatologia, evidenziando ciò nelle psicosi. All'oggetto d'amore viene evitata la distruzione attraverso lo spostamento effettuato sull'alimento che lo rappresenta: latte, seno, madre, costituiscono una successione che permette al bambino il passaggio da «ingerire» a «incorporare», accompagnato da differenti stati emotivi che lo caratterizzano. Spesso nel comportamento alimentare il bambino indirizza la sua aggressività distruttiva sull'alimento che sostituisce in tal modo l'oggetto e che racchiude i fantasmi distruttivi che ne popolano il vissuto. Naturalmente le caratteristiche materne, il suo sviluppo psichico, come del resto la sua patologia, *hanno un peso determinante*, così come ha peso una deficienza costituzionale da parte del bambino riguardo allo sviluppo dell'oralità e del rapporto relazionale che di conseguenza si viene a strutturare. Se la madre *lo ingozza* di cibo o *lo trascura*, il cibo, da fonte di nutrimento ed esperienza di piacere, si trasforma in un vissuto ansiogeno che è sperimentato in modo disturbante, a volte doloroso, dal bambino. La voracità o l'inappetenza di alcuni individui adulti trova le radici nel passato emotivo che risale alle più antiche esperienze affettive: quelle della prima infanzia, e quindi all'apparenza il cibo è direttamente in causa, in realtà è in causa soprattutto la relazione affettiva che questi soggetti hanno sperimentato.

> Franca, 22 anni, soffre di bulimia da due anni, parlando della sua infanzia commenta: «Non potevo muovermi senza prima aver mangiato quello che tutti e due (genitori) avevano deciso, mi sentivo costretta dallo sguardo di mia madre, per non parlare dei discorsi convincenti di mio padre... sarebbe stato più facile ingoiare un rospo forse, quel latte e biscotti mi turbinava nel cervello, non nello stomaco, la nausea mi perseguitava per ore».
> Le allergie alimentari sono state una difficoltà con cui lotta dall'infanzia.
> «Che devo dire! Per mia madre mangiare era un dovere, teneva in mano una bacchetta e finché non avevo finito non mi permetteva di andare in giardino con i miei fratelli... mi teneva incollata al tavolo per ore».
> «Quanti anni aveva?».
> «Il ricordo più lontano... quattro anni, mi riempivo la bocca e andavo in bagno a sputarlo, ma lo scoprì e non mi permetteva più di andarci, tenevo in bocca il cibo per ore».

b) Sviluppo psichico e disturbi alimentari

La psicoanalisi ha tracciato lo sviluppo psichico dell'individuo ricorrendo alla teoria degli stadi della libido. L'osservazione è basata sul «bambino clinico» che Freud e quelli dopo di lui hanno studiato attraverso i ricordi, le esperienze, i vissuti che emergevano durante le analisi dei pazienti adulti, anche se non mancò allo stesso Freud l'esperienza clinica sui bambini. Ci riferiamo all'*Analisi della fobia di un bambino di cinque anni*, il cui saggio data l'anno 1908, e poi nel 1920, in *Al di là del principio di piacere*, Freud si riferisce all'osservazione diretta del gioco del rocchetto fatto da un bambino di un anno e mezzo, suo nipote, in occasione dell'allontanamento materno. Gli autori successivi, soprattutto gli analisti infantili, si basarono sull'osservazione clinica diretta, prima fra tutti M. Klein. Nel 1932 nella *Psicoanalisi dei bambini* tracciò l'edificio teorico del suo modello sul funzionamento psichico. Seguirono i lavori di Spitz, la cui ricerca sperimentale si basò sull'osservazione clinica diretta, condotta con metodo longitudinale e trasversale, su bambini ospedalizzati e, al di là delle critiche che gli furono riservate, iniziò la ricerca sullo sviluppo psichico e quindi l'identificazione delle tappe dello sviluppo, veri crocevia dell'evoluzione dell'individuo adulto attraverso il rilevamento di eventi traumatici che si ripercuotevano nel suo sviluppo evolutivo. Contemporaneamente i risultati ricavati in altri settori della scienza, quali la fisiologia, la psicologia sperimentale e l'etologia animale, dettero il loro apporto decisivo verso un'indagine scientificamente più proficua, basata su parametri tratti dall'esperienza diretta.

Anna Freud con le sue ricerche sulla normalità e patologia del bambino getta luce sull'evoluzione del funzionamento psichico individuale, affrontando sia il settore dell'evoluzione normale che quella patologica colta attraverso la clinica, facendo notare come certe difficoltà sono un prodotto «naturale» del momento evolutivo che il bambino sta vivendo, da quelle veramente strutturate, le disarmonie, che necessitano invece di un intervento terapeutico per essere sanate e riprendere così il percorso evolutivo. Segue un periodo di fervente attività che produce «intuizioni» basilari alla clinica del disagio evolutivo, ci riferiamo agli studi della Klein, della Mahler, di Pine, della Jacobson, di Bion, della Tustin. Lungi da noi l'idea di essere esaustivi, in quanto l'obiettivo è quello di arrivare, al momento attuale, a fare una riflessione, ci auguriamo stimolante, sullo sviluppo psichico e passare dal modello teorico del funzionamento psichico alla clinica, per cogliere i nessi da cui possa scaturire la strategia da seguire, perché il trattamento terapeutico possa divenire un vero «processo produttivo», non lasciato all'improvvisazione personale.

Nel nostro breve *excursus* storico, di proposito abbiamo tralasciato Winnicott, perché nella robusta esperienza clinica che lo contraddistingue, la sua esplorazione e poi le riflessioni che ne conseguirono non si focalizzarono solo sul bambino considerato nella sua unicità, bensì sull'interazione che lo lega al suo ambiente di vita: la relazione con la madre autentica e poi quella fantasticata, per passare in seguito ai legami e alle disfunzioni che ne derivano, e che assorbiranno tutto il suo interesse. Si potrebbe obiettare già che A. Freud e gli psicoanalisti infantili successivi avevano rilevato il contributo determinante fornito dalla famiglia alla formazione della patologia, e quindi alla formazione dello psichismo. Secondo la Klein la primissima infanzia è un periodo fondamentale per la psiche, perché a questa epoca si struttura la «matrice» sulla quale si fonda il suo funzionamento. Durante i primi 6 mesi di vita il bambino affronta due esperienze basilari: la posizione schizo-paranoide e quella depressiva. Il suo fallimento incide sulla capacità del bambino di superare l'angoscia che lo invade, soprattutto persecutoria, che influenzerà lo sviluppo evolutivo riguardo alla capacità di simbolizzare, di pensare, e soprattutto ciò influenzerà l'incapacità a tollerare il distacco. Questa incapacità a produrre «il pensiero astratto» mette il bambino in uno stato di confusione che non gli consente di distinguere la realtà interna da quella esterna. È il momento in cui si può verificare il crollo psicotico. Il ricorrere a meccanismi primitivi come proiezione e identificazione proiettiva serve al soggetto per affrontare l'angoscia. Ma la base dello sviluppo psichico nasce dai fattori che scaturiscono dalla relazione affettiva che si struttura tra madre e bambino, che interagiscono con le potenzialità biologiche. Winnicott, e solo alcuni dopo di lui, in modo rilevante, ha diretto l'attenzione sulla *relazione* affettiva che si stabilisce tra il bambino e il suo ambiente, cogliendo così la nascita dei legami che ne scaturiscono, «normali o patologici», che diverranno il percorso sui cui si articolerà lo sviluppo psichico futuro, perché l'esperienza diretta che il bambino sperimenta è il fondamento su cui si articola il processo interno, di fantasmatizzazione, di costruzione dello psichismo. I processi di separazione, le rotture, vissute a questa età, rivestono un peso influente, perché l'atteggiamento affettivo della madre a prendersi cura del proprio bambino, non solo in modo appropriato ma anche continuo, getta la base per strutturare un Io in grado di fronteggiare le difficoltà. Se la madre non è costante nei suoi atteggiamenti di cura, le intrusioni dell'ambiente risulteranno invasive a tal punto che costituiranno per il bambino un'autentica minaccia di «annientamento», che gli proibisce di «assimilare la realtà esterna», non si sviluppa la possibilità di elaborarla, per cui, come viene evidenziato da Federn, si verifica l'impossibilità di percepire la distinzione tra pensiero e realtà. Il processo di interiorizzazione è bloccato, perché la relazione oggettuale è fallita per l'elevato carattere di inadeguatezza, producendo quello che Grotstein ha definito «catastrofe infantile silenziosa». I lavori di Stern, che confronta i dati ottenuti dalle ricerche effettuate nella psicologia dello sviluppo e quelli attuali della psicoanalisi infantile, ci permettono un ulteriore passo in avanti di cui si giova il lavoro clinico. Le sue osservazioni mettono in discussione, per certi aspetti, il modello del bambino clinico, psicoanalitico, chiuso nella corazza narcisistica secondo Freud, autismo normale, simbiotico, dei primi anni di vita, secondo Mahler, che acquista la capacità di apertura verso il mondo che lo circonda attraverso un lungo tempo di esperienza. Attualmente fin dalla nascita, attraverso l'osservazione diretta, si evidenzia come il bambino sia in grado di interagire guardando e seguendo lo spostamento di chi si occupa di lui, insomma è biologicamente fornito di mezzi per iniziare a strutturare rapporti, a costruire un sistema d'interazione in cui vige sincronismo e intenzionalità, in cui c'è reciprocità nell'influenza, a vicenda. La bocca, il cibo che essa consente di assumere, oltre alla funzione biologica, di sopravvivenza, giocano un ruolo attivo, dinamico-relazionale con l'altro, la madre che si «occupa» del bambino, viene *inconsapevolmente* ad assumere un ruolo propulsore dello sviluppo psichico. Il ciucciare, l'ingurgitare, in seguito il masticare, sono attività di origine fisiologica la cui piena rispondenza evolutiva è raggiunta quando il versante psichico che esse vanno a rivestire non ha subito traumi o difficoltà incisive. I bambini che svilupperanno comportamenti autistici evidenziano una carenza strutturale già prima di instaurare le prime autentiche relazioni materne, in cui spesso la nutrizione è sperimentata solo sotto la veste fisiologica, scarsa o del tutto carente della componente emotiva idonea che dovrebbe accompagnarla. Le posizioni degli autori riguardo allo sviluppo dell'autismo, nei casi in cui mancano reali deficienze di ordine biologico, evidenziano come questi bambini siano nati in momenti particolari dello psichismo materno, soprattutto madri afflitte da profonde depressioni, incentrate su se stesse, incapaci di costruire uno spazio psichico *accogliente*, in grado di farsi carico delle proiezioni del bambino e poi di *restituirle* con la propria risposta emotiva, che risulti adeguata per il bambino. Queste madri in realtà sono incapaci di «risvegliarsi» alle stimolazioni che il bambino provoca in loro a causa dei conflitti personali irrisolti.

Lo sviluppo psichico è dovuto all'articolazione di fattori psicologici, biologici e psicosociali, però la mente per svilupparsi necessita di stimolazioni adeguate derivanti dall'esterno, ambientali. Quindi il patrimonio biologico che il bambino possiede alla nascita, fornitogli dai genitori, deve interagire con stimoli che fin dalle prime settimane di vita dovrebbe sperimentare, e che gli vengono offerti da un'altra mente, quella dell'adulto in grado di accogliere il «suo linguaggio», decodificarne il significato, al momento le richieste passano attraverso i bisogni e di restituirglielo comprendendo le sue necessità che non sono solo fisiologiche. Infatti lo sguardo, le parole, le carezze, gli abbracci della madre sono in realtà la comunicazione fisica e affettiva attraverso cui il bambino impara fin dalla nascita, a rispondere e poi a riconoscere l'apporto emotivo-affettivo del periodo prenatale che accoglie il feto e il suo sviluppo. Se il capezzolo riempie la sua bocca e la lingua gli consente una continuità diretta con il corpo della madre, le braccia di quest'ultima oltre a proteggerlo contengono le sue paure. Fin da quel momento il bambino possiede la capacità di riconoscere le corrispondenze esistenti tra le modalità percettive che vengono organizzate dalle caratteristiche della forma (Rose, 1972; Meltzoff-Barton, 1979). Il bambino possiede la capacità innata di percepire e usare la forma come organizzatore dell'esperienza, su cui sembrano svilupparsi i processi d'identifica-

zione psichica e di apprendimento. Il motore propulsore dello sviluppo psichico è psicogenetico. L'onda emotiva, che passa nella relazione madre-bambino, deve rispettare le sue capacità fisiche e di maturazione, affinché non risulti per lui violenta, cioè traumatica, oppure basata sulla indifferenza che lo conduce alla percezione di abbandono, fino a quella terrorizzante che lo porterà allo sviluppo psichico autistico. Tenendo conto di questi aspetti, la mente dell'adulto può entrare in sintonia con il bambino, afferrandone i messaggi e costruendo l'*intersoggettività primaria* (Trevarthein, 1979), cioè una relazione mediata da oggetti. Ma in seguito la relazione assumerà una dimensione ancora più profonda perché la maturazione fisiologica fornirà al bambino mezzi ulteriori sui quali si appoggiano esperienze affettive: una madre non allatta semplicemente il suo bambino, lo abbraccia, gli sorride, lo sostiene con lo sguardo, gli parla; si sviluppa una «onda emotiva», che attraverso il linguaggio verbale e pre-verbale materno, restituisce al bambino risposte di conferma, di disconferma, secondo la personale «patologia» materna. La relazione all'inizio strumentale, la nutrizione, assume carattere interattivo, di scambio emotivo che alimenta il campo esperienziale di entrambe le parti: madre e bambino, sviluppando un rapporto di interdipendenza che porta il bambino a identificare i propri bisogni e la madre a soddisfarli, un arricchimento narcisistico per entrambi. A questa età si gettano le radici per riconoscere i propri bisogni, quindi «l'autostima» (Winnicott).
Entro la fine del primo anno di vita il bambino viene «iniziato» a nutrirsi da solo, il primo segno di emancipazione consiste nel fatto di porgergli un biscotto, il cucchiaio, che da solo porterà alla bocca in piena autonomia. Lo svezzamento vero e proprio costituisce la prima vera crisi relazionale, una prima autentica separazione dalla madre e sempre per il bambino gioca un peso incisivo nella relazione affettiva fino ad allora vissuta. Ciò dipende anche dalle modalità che gli adulti scelgono o con quale ritmo applicano questo cambiamento. Il passaggio dal seno, dal biberon al cucchiaio, prevede uno sviluppo psichico il cui risultato porta ad un'ampiezza di percezione e movimento, che abbraccia tutto il primo anno di vita. Periodo in cui la relazione madre-bambino dovrebbe rispecchiare uno scambio che sostiene il bambino nella costituzione degli

oggetti interni, svolgendo il ruolo di contenitore. In tale scambio di esperienze si parla soprattutto di quelle vissute dal bambino, veramente poco di quelle materne. Il passaggio da donna a madre comporta in realtà una revisione profonda che mette in gioco l'identità: la capacità di percepire i bisogni dell'altro e farsene carico significa saperlo proteggere e attingere alle proprie energie per costituire per lui un punto di riferimento. Già durante la gestazione si profila nitidamente il cambiamento psichico della donna e l'equilibrio della coppia fino a quel momento raggiunto, in quanto l'uomo con il suo operato può aiutare oppure ostacolare lo sviluppo della relazione madre-bambino, non rivestendo il ruolo di padre. Il nuovo equilibrio, a tre, che si viene così a strutturare lo investe pienamente nella nuova funzione ed anche lui si trova a sperimentare le tensioni che esso richiede e che rimettono in ballo la propria identità. Diventando genitori dobbiamo tener conto anche del fatto di essere stati figli e del vissuto che ci ha accompagnati, con tutto il peso dei conflitti irrisolti che tornano a riemergere.
Il primo anno vede determinante nel bambino l'esperienza orale, la bocca come organo impegnato a procurarsi sollievo dalla tensione fisiologica e piacere. Ma lo sviluppo fisiologico è la base su cui s'innesta quello emotivo affettivo: è molto diverso, sia per il bambino che per la madre, nutrire ed essere nutrito a un mese dalla nascita che a dieci mesi, perché in quest'ultimo periodo il bambino ha già iniziato la dentizione, per cui il rapporto con il cibo è cambiato non solo nella natura, prima era prevalentemente liquido, ma a quest'epoca ha acquisito la capacità di masticare, che comporta un'esperienza di possesso e di manipolazione, che gli consente una maggiore capacità di «padroneggiare» la situazione. Inoltre osserva, reagisce agli odori e ai gusti, inizia a manifestare chiaramente con comportamenti di gioia o di rifiuto il suo piacere o dispiacere, provocando in modo aperto ed incisivo le reazioni di chi si occupa di lui. Abbiamo osservato bambini di un anno che al solo fatto di indossare il «bavaglino» iniziavano a urlare, per non parlare dell'allontanamento immediato del piatto. La teoria freudiana «dell'appoggio» evidenzia come il piacere acquista una sua autonomia emancipandosi dalle condotte alimentari istintive per trasformarsi in piacere erotico. Quindi la qualità di piacere che la madre gli pro-

cura, «il surplus», dà al bambino la capacità di soddisfare la dimensione sessuale, perché la madre attraverso il proprio vissuto di erotismo orale, quindi delle esperienze che a sua volta ha sperimentato, consente al bambino di «trasformare» la funzione prettamente alimentare in emotiva.

Le ricerche etologiche hanno portato Bowlby, riferendosi all'infanzia animale, a concepire il rapporto madre-bambino come la realizzazione di una molteplicità di schemi innati di comportamento: afferrare, succhiare, gridare, l'insieme di ciò costituisce l'attaccamento. Il bisogno alimentare, indipendentemente dall'oggetto, crea una tensione biologica, l'attaccamento suppone l'oggetto e la sua costanza. Harlow ha tentato di valutare l'influenza dell'oralità in confronto alle altre condotte verso l'oggetto. L'oralità, comunque, secondo Bowlby rimane un «aspetto» fondamentale nello sviluppo della relazione con la madre, la base, dal nostro punto di vista, per poter costruire un legame autentico.

Per la psicoanalisi è l'interiorizzazione del comportamento di attaccamento che riveste maggior importanza. Anzieu ha considerato, attraverso l'Io pelle, prima distinzione dell'Io nell'apparato psichico, una prima manifestazione di esso, ma anche «...il congiungimento della pelle contro pelle, il più completo possibile, tra il corpo della madre e quello del bambino, questo fantasma di una pelle comune che costituisce l'origine della nozione di spazio, l'origine del contenitore psichico fondamentale»[1]. Così Spitz, nella descrizione «della cavità primaria», riunisce le esperienze legate alla bocca, mentre quelle dovute alla replezione e al livello cutaneo danno la continuità dell'essere. Del resto la pelle, come la bocca, è un mezzo di scambio immediato con l'altro, la pelle come l'oralità riveste il doppio ruolo: piacere e pensiero. Erikson ha poi allargato il concetto di oralità, ma il suo sviluppo, come abbiamo affermato, dipende dall'interazione materna in grado di rispondere in modo adeguato: significa che fin dalla nascita deve essere un buon contenitore in grado di costituire per il bambino una «seconda pelle» che protegge dalle sensazioni scono-

---

1 Anzieu, *op. cit.*

sciute, che si trova a sperimentare nel nuovo mondo, fuori dall'utero che l'ha protetto fino a quel momento. Molto spesso si coglie il collegamento fra tratti orali e depressione. Abraham e Freud hanno colto la stretta connessione tra cibo vissuto come oggetto buono o cattivo, da cui dipende la possibilità di interiorizzare la madre nella qualità di buona o cattiva. «È mediante il cibo che un movimento di identificazione reciproca e di differenziazione, di genesi e di arricchimento, si stabilisce la differenziazione del bambino e della madre nella situazione duale, oggettivata e concretizzata dal cibo» (Brusset, *op. cit.*, p. 93).
L'oralità è la prima delle fasi tracciate dalla psicoanalisi riguardo allo sviluppo della libido. *Il carattere orale* causato dalle fissazioni precoci della libido è caratterizzato dalla voracità che sul piano comportamentale si traduce in una sorta di voracità affettiva, in una relazione con l'altro contraddistinta dal bisogno continuo di apporto narcisistico che non è mai del tutto soddisfacente, perché in tale relazione si manifesta tutto il bisogno di volerlo possedere in ogni suo aspetto e inevitabilmente l'individuo si imbatte nelle frustrazioni a causa delle sue richieste smodate, che vanno di conseguenza ad alimentare le richieste narcisistiche. La libido continua la sua evoluzione verso l'erotismo anale, in concomitanza con l'evoluzione fisica, che porta l'individuo ad acquistare il controllo degli sfinteri e a volgere l'attenzione verso le proprie feci. Le fissazioni anali andranno via via diminuendo ma lasceranno in ciascuno una traccia che si mostrerà in seguito nei comportamenti, senza per questo arrivare a una forma di patologia vera e propria, tutto dipende dall'intensità del vissuto sperimentato.
Sin dalla nascita, sia nell'uomo che nell'animale, troviamo comportamenti istintivi la cui manifestazione è immediata: la *fame* rientra in quest'ambito, l'*appetito* risente invece dell'influenza del condizionamento e dell'educazione da parte dell'ambiente in cui il soggetto vive. Naturalmente ciò pone la dibattuta distinzione tra innato e acquisito, alcuni autori hanno così legato la fame al versante somatico, l'appetito a quello fisico.
Anna Freud descrive l'ontogenesi delle condotte alimentari evidenziando il minor appetito del bambino quando è colpito da una malattia, o l'inappetenza che rischia di diventare un comportamento abituale se spinto da conflitti

interni o esterni, per esempio quando il bambino viene costretto *a mangiare controvoglia*. La funzione alimentare viene investita dalla libido e dall'aggressività; l'atto del mangiare assume la veste di rappresentazione simbolica delle pulsioni in conflitto con l'Io, e da ciò scaturiscono i sintomi. Osservando il comportamento del bambino che afferra il cibo e si imbratta, ci si rende conto «...che essi non cercano di nutrirsi ma piuttosto di manipolare il cibo, giocare con esso, impiastricciarsi». Tutto questo rivela il piacere provato dal bambino nello sporcarsi, l'attività erotica anale è evidente: il passaggio dalle feci ai cibi che presentano una caratteristica simile. Tale comportamento inizia prima del compimento del primo anno di vita, intorno ai 10 mesi, per arrivare alla manifestazione più completa nella fase anale dello sviluppo, intorno ai due-tre anni. *La tolleranza dell'ambiente è determinante* perché il piacere anale va a rinforzare quello alimentare. La manipolazione diventa sempre più efficace, i bambini a cui è stato permesso di arrivare a una nutrizione libera, fondata sul piacere anale riguardo al cibo, passano con facilità all'uso delle posate. Al contrario, se al bambino viene impedito di impiastricciarsi con il cibo, di giocarci, di verificarlo, verrà nutrito per un tempo maggiore dall'adulto a discapito quindi del piacere e della sua autonomia. Il comportamento degli adulti, non vieta solo al bambino di toccare il cibo e quindi sceglierlo, ma crea un ostacolo alla relazione madre-bambino. Si verificano difficoltà nel rapporto a causa dell'imposizione e della freddezza che contraddistingue una relazione così basata.

Le tendenze anali subiscono una forte repressione. *Le reazioni di disgusto*, che si formano vietando il desiderio di giocare con gli escrementi o portarli alla bocca, vengono dislocate sui cibi la cui forma, consistenza e odore possono ricordare al bambino gli escrementi proibiti. Da ciò deriva il disgusto, spesso violento, per i cibi di colore verde, marrone, le salsicce o le creme. Comunque sempre i bambini che presentano difficoltà di questo tipo hanno vissuto l'esperienza anale in modo repressivo.

Perciò, il piacere anale, per A. Freud, dovrebbe collegarsi a quello alimentare e l'intervento dell'educazione dovrebbe realizzarsi per gradi consentendo così al bambino di sperimentare i vari momenti in modo graduale. Il collegamento tra analità e alimentazione trova di frequente un'al-

tra manifestazione di chiara espressione nei bambini in età di latenza. A questa età i genitori cercano di insegnare al bambino un buon comportamento da tenere a tavola e la sua reazione, all'apparenza regressiva, è quella di sporcarsi sia a tavola sia in bagno. Un altro aspetto riguarda la lunga ritenzione del cibo in bocca, che trova il suo equivalente nella ritenzione fecale, perché si nota una stretta relazione tra analità, espulsione degli escrementi e ingestione di cibi con il corrispettivo simbolico che lega tali atteggiamenti. Ci sono bambini che trattengono a lungo il cibo in bocca, senza decidere di liberarsene, in fondo ripropongono, in modo regressivo, la manifestazione anale del trattenere-possedere. Durante il conflitto edipico, il bambino per evitare l'angoscia regredisce dalla posizione fallica a quella pregenitale, da ciò originano le idee infantili dei rapporti sessuali orali e la sessualizzazione della bocca attraverso la libido genitale e orale, che causa profonde regressioni che possono danneggiare la funzione alimentare, causando la nascita dei sintomi isterici come il vomito.
L'idea del concepimento orale dei bambini può portarli a rifiutare gli alimenti, rifiuto a sua volta appoggiato dal timore del desiderio di essere gravidi.

c) Nutrimento e personalità

La fame è un fenomeno universale, la cui origine è stata ritenuta innata, posizione condivisa da molti. Negli individui che soffrono di una patologia alimentare si rivela invece un'alterazione riguardo al modo di *percepire la fame*. L'indagine clinica condotta dagli autori su questo problema ha portato a rilevare che l'origine della fame, la sua percezione, risente anche di molti elementi appresi. In questo modo si è cominciato a considerare l'apporto dato dalle relazioni interpersonali, che concorrono alla soddisfazione del bisogno di nutrimento di origine biologica, alle esperienze precoci che i bambini sperimentano e che turbano la soddisfazione di questo bisogno, fino al punto di non riconoscere lo stimolo del mangiare da altri segnali di tensione, derivati da diversi conflitti emotivi.
Questi soggetti concentrano la loro attenzione sull'alimentazione cercando di sfuggire ai conflitti personali, non sono in grado di identificare la percezione della fame e di «isolarla» da altri stati di natura fisica ed emotiva.

Sono molti gli esempi che la clinica fornisce riguardo alla non percezione della fame da parte di questi pazienti. Il bisogno compulsivo di «riempirsi» del soggetto bulimico non è dovuto alla percezione dello stimolo della fame come stimolo in sé, avvertito da chiunque, bensì un impulso irresistibile che spinge il soggetto, magari in piedi e in piena notte, davanti al frigorifero a «ingozzarsi» di tutto quello che trova, non rendendosi conto della diversità e del gusto degli stessi cibi, così facendo non percepisce né fame né sazietà, tanto meno il piacere. «So solo che devo riempirmi, mangiare, mangiare fino a scoppiare» dice Claudia, 21 anni, «e dopo ho la nausea per quello che ho fatto, mi procuro il vomito». Lo stesso vale per le orge alimentari dell'obeso che mangia all'infinito spinto da uno stimolo inesauribile, provando magari un sollievo momentaneo, ma immediatamente è ripreso dalla trappola delle proprie tensioni percepita come bisogno di mangiare. Noi tratteremo la fame come esperienza psicologica tralasciando l'aspetto fisiologico che ha visto il dibattito tra due differenti punti di vista: il primo la considera come regolata *dalle terminazioni sensibili degli organi periferici, dello stomaco*, il secondo *ne pone l'origine nel cervello per poi stimolare gli organi periferici*. Attualmente lo *stato di deprivazione nutritiva* comporta numerose modificazioni fisiologiche che investono tutto l'organismo umano, raggiungono i centri viscerali del cervello come informazione da cui poi vengono diffuse come messaggio fino alla neocorteccia che, a sua volta, svolge il lavoro di «interpretare» tali messaggi, traducendoli in sensazione di «fame» e da cui, all'esterno, assistiamo alla traduzione, la messa in atto, attraverso il comportamento.
Svilupperemo «l'aspetto psichico» e quindi emotivo dell'alimentazione, tralasciando quello fisiologico.
A proposito dell'evoluzione del bambino spesso si sottolinea la sua dipendenza dall'adulto, da cui dipende la sua stessa sopravvivenza. In realtà tutto dipende dalla sua immaturità funzionale, però, come abbiamo accennato, già alla nascita molte facoltà sono sviluppate. È in grado di esercitare alcune funzioni: vista e udito, respirazione autonoma, così pure la capacità di percepire dolore, le carezze e gli odori, piangere, tossire, ecc. È capace di comunicare il suo disagio con il pianto. Ciò risulta di importanza fondamentale per aiutarlo a distinguere i propri bi-

sogni. Perciò le risposte appropriate saranno per lui oltre che fonte di soddisfazione anche di stimolo alla consapevolezza sempre più chiara delle sue necessità, come abbiamo affermato in precedenza. Il comportamento alimentare, cioè il suo apprendimento, esordisce con la nascita per cui se al suo bisogno viene a mancare una risposta adeguata, che lo rafforza e lo determina, il bambino verrà a trovarsi in uno stato di confusione derivato dall'incapacità di distinguere impulsi biologici dalle esperienze emotive che ne derivano, soprattutto si troverà a vivere uno stato di tensione che diventa dolorosa da sostenere, che si trasforma in devastante in quanto il soggetto è privo di mezzi per arginarla. Tutto ciò lo condurrà ad avere una percezione più confusa del proprio corpo nel senso di mancanza di confini precisi, perché senza contenuto, e allo stesso tempo sarà portato a concentrarsi sulle reazioni del corpo. Lo sviluppo psichico dipende sì da fattori fisiologici e psico-sociali, ma dal loro interagire scaturisce lo psichismo e quindi il livello di sviluppo di una personalità normale o patologica. Lo strutturarsi di un disturbo della condotta alimentare può avvenire in individui con un funzionamento psichico di grado diverso, dunque in personalità che hanno raggiunto un livello di evoluzione differente. Nella maggior parte dei casi in cui la pratica clinica ci ha confrontati, riguardano un disturbo che investe l'impulsività, implicato in dinamiche che investono il desiderio, incapacità di poterlo vivere, o siamo confrontati a una capacità di controllo che raggiunge gli estremi: dalla negazione dell'anoressica, alla confusione della bulimica, alla brama senza fine dell'obesa.

Mangiare non è solo nutrimento ma anche piacere. La madre che nutre il bambino soddisfa il bisogno, ma allo stesso tempo gli insegna il piacere. Bisogno e piacere sono due cardini per lo sviluppo armonico della personalità, perché queste due attività rivestono un profondo significato simbolico, potremmo dire i due pilastri su cui biologia ed emozioni confluiscono sviluppando il campo psichico. I fantasmi di divoramento di cui parlano K. Abraham e M. Klein, evidenziano quale influenza tali aspetti rivestono nello sviluppo della patologia mentale, psicotica e psicopatica, in quella depressiva, nelle nevrosi di base secondo Bergler o nella carenza fondamentale secondo Balint. La pratica clinica rivela che nei disturbi alimentari il mangiare, morde-

re e masticare presentano una correlazione con i fantasmi sadico-orali, la cui matrice ha sempre origine da dinamiche affettive distorte.
A proposito di sviluppo della personalità e di patologia alimentare, dobbiamo tenere presente in particolare l'evoluzione, che spesso sfugge ad un'analisi immediata, perché per coglierla è necessario soffermarsi sulle vicende del dinamismo profondo della libido. Ci riferiamo a quelle particolari strutture di personalità che non presentano all'esterno un vero disturbo della condotta alimentare, nel senso di sintomo delineato, ma bensì si evidenzia una particolare situazione narcisistica che riporta a una struttura che «gioca» sul fatto di vivere lo stato di eccitazione senza mai giungere a un vero e proprio vissuto di gratificazione, che si ha come conseguenza del vissuto completo del desiderio. Nel comportamento delle anoressiche c'è «l'eccitazione» di vivere la «femminilità»: sono estremamente curate all'apparenza. Mai si giunge al vissuto completo della piena soddisfazione, perché il soggetto non può concedersi di sperimentare il proprio desiderio, che controlla in modo perfetto. Tutto ciò scaturisce dai conflitti che il soggetto ha vissuto nella relazione con la propria madre: uno stato di eccitazione, derivato dalla tensione biologica a cui è seguito sì un comportamento di accudimento che l'ha abbassata, ma è stato carente il vissuto di piacere, di piena gratificazione che poteva derivare da tale esperienza. Se l'anoressica è in grado di sviluppare un controllo di marca ossessiva sui propri impulsi, mettendo in atto un controllo esasperato, la struttura di personalità bulimica e obesa sperimenta un controllo degli impulsi, come vedremo, decisamente differente. Tutto ciò è causato dalle relazione che il bambino sperimenta. «Lo sviluppo delle relazioni oggettuali è soprattutto un processo mediante il quale la dipendenza infantile dall'oggetto cede a poco a poco il passo a una dipendenza matura dell'oggetto». Le parole di Fairbain* evidenziano lo sviluppo e l'evoluzione della libido che accompagnano il rapporto con l'oggetto.

* Op. cit.

d) Patologia del legame

La madre soddisfa molto più del bisogno biologico del bambino, entrambi, infatti, sperimentano una relazione profonda basata sul legame che li unisce: il legame condiviso (Baldassarre, *op. cit.*, p. 28). Le relazioni oggettuali sperimentate formano la trama su cui si svilupperanno i legami futuri. Ma i legami possono risultare anche patologici e costituire un impedimento all'evolversi dello psichismo verso forme avanzate, che gli consentiranno via via di edificare la complessa «impalcatura» che porta verso forme evolute di pensiero, e quindi capacità di simbolizzare, concettualizzare, fare astrazione, che sono l'espressione di un individuo in grado di creare una realtà interna, espressione della propria soggettività, distinta dall'oggettività, dal mondo esterno: di distinguere fantasia e realtà. Perché il legame diventi fondante, arrivare cioè all'espressione delle proprie potenzialità di accrescimento, è necessario che esso sia in grado di rivelarsi per il bambino una garanzia di *continuità* affettiva che la madre realizza dando risposte adeguate alle richieste del bambino, che si rivelano la fonte a cui attingere durante la sua assenza, la capacità di arginare la carenza momentanea dell'altro, senza sprofondare nella confusione, nell'annientamento, esperienze che andranno a costituire le fondamenta di uno psichismo in cui regna la confusione. Ciò si basa sulla comprensione dei suoi bisogni e dà luogo a un ulteriore passaggio significativo per l'evoluzione del pensiero: il riconoscimento della dipendenza, quindi l'affermazione di due ruoli ben distinti che caratterizzano tale rapporto, bambino e adulto, in cui le attese, le aspirazioni, delle due parti rispondono a comportamenti dettati da ruoli differenti: di espressione quello del bambino, di accoglimento e contenimento quello materno. Ne risulta accresciuta la percezione della realtà e il contenimento delle angosce che il bambino sperimenta a contatto con essa e, contemporaneamente, inizia a identificare i suoi veri bisogni. Grazie alla loro soddisfazione che interviene in tempi adeguati, ottiene lo strutturarsi di un legame di interdipendenza che gli consentirà di «anticipare» il sopraggiungere della madre attraverso il «ricordo»; in questo modo viene riempita l'attesa, a vantaggio dello sviluppo del suo immaginario. La creazione dell'oggetto transizionale, il riempimento delle attese, lo spingono in realtà verso la ricerca di nuove strade, potremmo dire, a percorrere un cammino che costruirà le basi dello sviluppo del pensiero. Tutto ciò dipende dalla relazione madre-bambino: l'incontro esterno con l'oggetto non rimane un'esperienza legata al momento in cui avviene, ma ha una rispondenza interna, emotiva, che dà luogo al processo di interiorizzazione e le vicende di tale sviluppo trovano il motore propulsore negli stati emotivi che accompagnano l'incontro madre-bambino.

Nel trattare la patologia del comportamento alimentare, il nostro interesse va alla costruzione della relazione madre-bambino, perché l'origine di tale disturbo riguarda in realtà proprio l'origine dello psichismo, momento in cui si sviluppano i confini dell'Io, che determinano non solo i mezzi di difesa personale, ma anche i confini interpersonali, che vengono influenzati da distorsioni dovute alle percezioni angoscianti, non controllabili, che derivano a loro volta da stimolazioni invasive non drenate dal contenitore madre. Perché dobbiamo riflettere sul fatto che il bambino tende a «trasportare» nella sua realtà interna l'esperienza materna che vive la madre, gli atteggiamenti che essa assume, e tutto ciò passa attraverso la pulsione orale.

Riguardo alla continuità affettiva, essa è realizzata quando conduce il bambino a poter «reggere» la separazione senza il panico di sentirsi annullato, come nella psicosi, o abbandonato come negli stati limiti, addirittura si verifica un arresto che blocca completamente lo sviluppo perché ogni investimento è interdetto dall'impossibilità di aprire il proprio spazio psichico, di essere accolto, come nell'autismo. Esperienze che nel primo caso lo conducono alla frammentazione dell'Io, nel secondo al vissuto di un'angoscia depressiva che l'accompagnerà per il resto dell'esistenza, nell'autismo ad annullare ogni contatto che va al di là delle proprie sensazioni corporee.

La capacità di separarsi conduce all'individuazione (Mahler), la vera autonomia passa attraverso il riconoscimento di sé e dell'altro, di realtà interna e realtà esterna. Ma perché ciò possa verificarsi, il legame madre-bambino deve possedere una sua continuità, non vivere rotture che diventano per il bambino fonte di minaccia, di annientamento.

Il nemico più ostile di un bambino è il silenzio, perché stende attorno a lui una coltre di gelo che gli impedisce l'e-

laborazione delle sue emozioni, procurandogli terrori primitivi. Il danno più grave che ne deriva è quello di non poter accedere al pensiero. Ma non possiamo parlare solo di amore riferendoci alla madre, perché l'ambivalenza è uno degli aspetti che lo caratterizzano: infatti scopriamo spesso nella profondità dei sentimenti materni da un lato amore e dall'altro fastidio, insopportabilità, in certi momenti odio, nelle situazioni più gravi, per il proprio bambino. Tutto ciò ci sarà utile nel considerare i disturbi che affliggono i bambini già nella prima infanzia e, come vedremo in seguito, essi vanno affrontati risolvendo i conflitti materni, spesso tenaci, che emergono nella relazione con il bambino, rapporto che fa affiorare l'incapacità materna di elaborare i propri conflitti emotivi. Le madri fortemente depresse, incapaci di essere vero contenitore per il proprio bambino a causa delle problematiche personali, si rivelano non in grado di accogliere e poi restituire attraverso il proprio filtro psicologico le proiezioni del bambino, ma reagiscono con un distacco emotivo che spezza o ferisce il legame affettivo. Ciò genera nel bambino un'introiezione instabile, carente: questi bambini dovranno lottare loro stessi con la deprivazione che genera esperienze di vuoto, scaturite dall'abbandono che hanno subito, una carenza emotiva e non certo fisica. Dietro alla patologia delle condotte alimentari affiorano legami affettivi instabili, carenti, con profonde note depressive e caratteristiche narcisistiche fragili, che spingono l'individuo, per arginare l'angoscia, a manipolare il proprio corpo attraverso il cibo, a sedare l'angoscia, scaturita da traumi abbandonici o di invasione, riempiendosi. Il disturbo dell'oralità riguarda già le prime fasi dello sviluppo psichico e per questo è fondamentale valutare l'organizzazione della personalità sottostante.
Affrontando le differenti forme di patologia alimentare, designeremo le differenti qualità del legame scaturito dalle prime relazioni oggettuali e le caratteristiche differenti della personalità materna.

Capitolo secondo

Psicopatologia delle condotte alimentari della prima infanzia

a) Disturbi psichici del bambino piccolo

Nei primi anni di vita sono molto frequenti i disturbi del sonno, del comportamento alimentare, crisi d'asma, allergie diffuse. Il rapporto che lega il bambino ai genitori è fondamentale per il suo sviluppo psichico, in tal modo costituisce il bagaglio determinante per diventare un individuo maturo. Perciò le risposte che essi danno al bambino per placare le sue richieste e l'ansia ad esse legata risulta determinante per l'evoluzione del bambino, quindi un genitore, buono o cattivo che sia, è fondamentale per lo sviluppo psichico del suo bambino, determinante sul grado di evoluzione. Quando il rapporto con lui è cattivo ne deriva nel bambino un bisogno «fisico» di cacciarlo, di espellerlo, non essendo incorporabile, e da tale rifiuto deriva un'angoscia di vuoto, di separazione. Pensiamo alle personalità limite o, nei casi più gravi, a quelle psicotiche che arrivano ad avere una percezione alterata della realtà. Il bambino reagisce con le difese di cui dispone. Già a questa età possiamo incontrare bambini che dato l'elevato potenziale di angoscia a cui sono sottoposti «reagiscono» con comportamenti disturbati.
L'analisi, seppur limitata, dello sviluppo psichico ci permette di tracciare il cammino che il bambino percorre per realizzare un funzionamento psichico che lo condurrà a un'evoluzione soddisfacente della personalità. La psicopatologia nasce con l'esperienza che gli organismi fanno nell'ambiente in cui vivono, patologia e normalità costituiscono aspetti che identificano il comportamento umano, due versanti che in certi momenti dell'esistenza possono cambiare di confine, manifestando aspetti sorprendenti, in precedenza non bene identificati. Il contesto ambientale accanto al contenuto biologico determina il grado di sviluppo dell'individuo umano. Già Anna Freud aveva riflettuto sul fat-

to che un bambino a un certo punto della sua infanzia possa assumere comportamenti che fanno supporre lo strutturarsi di una disarmonia dello sviluppo, e quindi l'instaurarsi di conflitti che possono farci temere lo stabilirsi di una futura organizzazione patologica della personalità. Spesso alla psicoanalisi è stato contestato il fatto di aver posto l'origine della struttura di personalità negli istinti, di aver fatto del riduzionismo nel senso che si dà importanza all'influenza delle emozioni e non al bagaglio biologico.
L'attuale psicoterapia psicodinamica pone la sua attenzione sui disturbi affrontando l'aspetto psicologico, dall'analisi dei quali emerge che i processi della vita psichica, che presentano conflitti dinamici, costituiscono i nodi da cui originano le deviazioni del comportamento, senza minimamente trascurare il contenuto biologico e le scoperte che la moderna psicologia dello sviluppo ha acquisito nell'ultimo secolo.
I disturbi che affliggono l'individuo possono diversificarsi sia per l'entità che per la qualità, e in rapporto a questi due riferimenti assumono un posto differente nella scala della psicopatologia. Freud ha osservato che già la prima infanzia rappresenta un'età in cui si gioca il futuro psichico dell'individuo, un'età che presenta rischi e che può influenzare negativamente tutto il resto dell'esistenza. L'incastro tra tensioni affettive e biologiche, che il soggetto si trova a sperimentare a questa età, avranno conseguenze determinanti ai fini dell'evoluzione psichica, anche se in seguito la situazione cambierà e diventerà ottimale, i segni lasciati creeranno difficoltà per molto tempo, fino a quando i conflitti non verranno affrontati. Il bambino che ha sperimentato nella prima infanzia disagi affettivi che hanno posto limitazioni alla sua evoluzione inizierà a sviluppare reazioni d'ansia molto presto, e comportamenti dettati dall'insicurezza, perché un bambino è «in balia» degli adulti che si occupano di lui, e le risposte affettive tracciano il percorso che la sua evoluzione psichica segue.
Dal momento che un bambino vive la sua evoluzione, ha molti anni davanti a sé che possono essere decisivi ai fini dello sviluppo armonico della sua personalità.
Ricercare l'origine del disturbo psichico non significa dedicare esclusivamente l'attenzione ad avvenimenti clamorosi: i traumi possono costellare la vita di un bambino e quella di un adulto, in ogni caso lasciano segni, solo che

nel primo caso ne compromettono il futuro perché il bambino è dotato di pochi mezzi per difendersi. Essi incidono sullo sviluppo evolutivo con cicatrici profonde, ma non possiamo asserire che l'origine delle nevrosi risiede in un solo avvenimento vissuto, di origine sessuale, come appunto sosteneva la prima teoria del trauma. E molto spesso si è asserito che non c'è da meravigliarsi se un bambino riesce a sopravvivere alla sua prima infanzia a causa delle peripezie a cui è stato sottoposto. Quello che contribuisce a strutturare un disturbo psichico quindi non è il verificarsi di un trauma di per sé, ma tutta una serie di situazioni difficili, microtraumi (secondo Bergeret), che caratterizzano un clima affettivo difficile e, trattandosi di bambini, possiamo dire un clima familiare fatto di privazioni e difficoltà, che quindi coinvolgono i ruoli e disturbano la comunicazione, da tutto ciò scaturiscono ansie che a poco a poco lo conducono a sviluppare un comportamento isolato, inquieto, ansiogeno, aggressivo, che disturberà l'ambiente e il cui rifiuto ne amplificherà il disagio. A sua volta l'ambiente risponderà con aggressività a bambini che piangono o fanno capricci, che disturbano, mentre è disponibile a ripagare bambini che si mostrano allegri e simpatici. È inutile nascondere il fatto che un bambino che mostra segni di disagio diventa fastidioso e le reazioni più frequenti sono l'applicazione di misure idonee a liberarsi del fastidio: punizioni, isolamento, indifferenza affettiva sono spesso le reazioni più frequenti da parte degli adulti, basti considerare le difficoltà che il bambino vive già nel suo ambiente primario, la famiglia, e poi continuano nella scuola, nella vita di classe. La scuola diventa la cassa di risonanza che rinforza ulteriormente le difficoltà attraverso un rendimento scolastico scarso.

b) Infanzia e disturbo psichico

Trattandosi di soggetti in età evolutiva, non intendiamo parlare di struttura nevrotica o psicotica, bensì di funzionamento psichico perché l'individuo non ha percorso del tutto l'arco evolutivo e quindi l'organizzazione della personalità non ha raggiunto una sua forma stabile: l'assestamento definitivo della personalità si raggiunge con la fine dell'adolescenza.

A volte il bambino va soggetto all'apparire di comportamenti che potrebbero indurci, se valutati superficialmente, a formulare l'esistenza di una patologia radicata, a considerarli veri sintomi, e quindi a riflettere più del necessario sullo sviluppo psichico. Segni come fobie di animali, paura del buio, incubi e piccoli rituali, sono in realtà «incidenti» che a volte non hanno la caratteristica di essere stabili, bensì sono «mobili» e l'angoscia è poco intensa, perché il gioco delle pulsioni è dinamico e, data l'età, se non si evidenziano difficoltà nell'apprendimento vuol dire che l'attività cognitiva non è soggetta a inibizioni che ne bloccano la produttività, anche l'emotività appare fluida e non repressa. Il bambino presenta un buon grado di specializzazione del comportamento sia nell'ambito familiare che scolastico, è capace di avere quindi scambi affettivi e creatività personale. Dobbiamo allora tener conto che durante lo sviluppo evolutivo possono verificarsi momenti di avanzamento e mai secondo un percorso lineare. Dobbiamo tener presente che nella clinica infantile nessun segno assume un significato statico per cui, ad esempio, non possiamo pensare in termini del tipo: fobia uguale nevrosi fobica, rituale uguale nevrosi ossessiva. Solo un'osservazione prolungata ci può confermare quale funzionamento psichico si cela dietro quel dato comportamento, quindi ci sono «segni» che durante questa età sono un prodotto dello sviluppo psichico che il bambino sta vivendo in quel momento e, superato il momento evolutivo, sono destinati a sparire. La paura del buio collegata alla scena primaria, alla percezione che qualcosa avviene al di là delle apparenze nella camera dei genitori, svanisce non appena il bambino «accetta» come nascono i fratelli, il fatto di essere escluso dalla camera dei genitori lo conduce all'accettazione e al riconoscimento del suo ruolo di bambino piccolo, mentre viene affermato il ruolo adulto della madre e del padre. Ciò costituisce e instaura una relazione basata sulla dipendenza, sulla percezione corretta della realtà.
Si sa che i conflitti tra genitori e figli sono inevitabili a causa di una certa «diffidenza» da parte di questi ultimi, che caratterizza il loro rapporto, e da essi originano sintomi nevrotici a volte molto strutturati altre, molto meno, a causa di un ambiente familiare più flessibile e soprattutto poco nevrotico, che tende a dare un'educazione elastica, per cui l'organizzazione strutturale presenta tutte le caratteri-

stiche di una nevrosi, ma nella realtà tali bambini superano presto questo periodo e l'inserimento a scuola, nei gruppi con coetanei, li vede reagire immediatamente al positivo, per questo alcuni autori parlano di nevrosi fisiologica. Quando invece si tratta di un autentico disagio psichico, ci troviamo di fronte a una struttura chiusa in cui emergono fissazioni a differenti stadi evolutivi della libido e a tratti composti, nel senso che riscontriamo nel bambino tratti ossessivi e fobici, sintomatologia isterica coperta da una facciata ossessiva, disturbi nel comportamento e psicosomatici, sintomi psicopatologici in rapporto all'età, tutti segni contraddistinti dalle forze tenaci che persistono e compromettono la libera espressione del bambino a livello di comportamento, ne condizionano l'esistenza. «Prima di andare a letto, ci vuole molto tempo» dice la mamma di Mattia, 7 anni, «deve controllare che la porta di casa sia ben chiusa, il gas, le finestre, per non parlare poi della sua stanza, tutto deve essere in ordine, vestiti, scarpe e libri tutti devono stare nel loro verso». «Se no... non mi riesce dormire» specifica il bambino, «non sto fermo, non posso andare a letto».

Le nevrosi sono qualificate, dalla nosografia psichiatrica, come disturbo psichico ma di identità minore in confronto alle psicosi o agli stati limiti, in quanto i sintomi nevrotici condizionano la piena libertà di comportamento del soggetto ma non alterano il suo rapporto di percezione con la realtà esterna, e la limitazione che ne deriva è quindi ben circoscritta.

Il primo trattamento di una nevrosi infantile fu quello di Hans, il bambino di cinque anni affetto dalla fobia dei cavalli, descritto da Freud come un soggetto affetto da disturbo nevrotico causato dall'Edipo irrisolto, anche l'uomo dei lupi fu descritto come un caso simile al piccolo Hans, anche se i sintomi erano di entità più grave. L'uomo dei lupi da bambino era affetto da fobie e una volta divenuto adulto i suoi disturbi aumentarono di intensità e soffrì di regressioni psicotiche. I casi clinici presentati negli studi sull'Isteria (1895) furono da Reichard (1953) messi in dubbio riguardo al fatto di essere diagnosticati come nevrosi e quindi causati da problematiche edipiche, irrisolte, e quindi sotto l'angoscia di castrazione. Mentre la gravità della loro psicopatologia li avvicina di più allo stato borderline che nevrotico (Giovacchini, 1978, 1983).

I terapeuti infantili incontrano bambini fobici, ansiosi, ossessivi, afflitti da enuresi, balbuzie, ecc., il cui funzionamento psichico risponde ai vari livelli della psicopatologia e l'origine può essere rintracciata nello sviluppo psicosessuale tracciato da Freud attraverso le differenti tappe degli stadi evolutivi e dal grado di fissazione della libido che può verificarsi, ma soprattutto risultano fondamentali i conflitti relazionali.
Scrive Giovacchini: «Vorrei prendere in esame dei bambini i cui sintomi ansiosi manifesti possono essere attribuiti più correttamente a delle carenze nella strutturazione psichica che non a dei conflitti intrapsichici. Si tratta senz'altro di una situazione familiare, ma ciò che vorrei sottolineare è l'importanza della fase transazionale come tappa evolutiva, e le conseguenze di fissazione traumatiche a questo livello. Il risultato... È una particolare mistura di sintomi nevrotici-fobici e di altro tipo...». Del resto la pratica clinica evidenzia come già nelle prime fasi dello sviluppo possono riscontrarsi differenti forme di psicopatologia: dalle fobie agli stati ossessivi compulsivi, dai disturbi alimentari a quelli prettamente ansiogeni. Quindi la famiglia con la sua rete di comunicazione diventa l'artefice delle relazioni interpersonali che il bambino si trova a sperimentare. Per cui, non deve sorprenderci come il bambino piccolo possa «reagire» con sintomi ad una comunicazione familiare contraddittoria. Nella nostra pratica clinica abbiamo incontrato bambini che già al primo anno di vita presentavano disturbi ben marcati nel comportamento alimentare e del sonno. Non possiamo tralasciare il fatto che i disturbi psicologici del bambino si rivelano come disturbi della relazione tra i componenti della famiglia, per cui i rapporti interpersonali che caratterizzano ogni nucleo sono la fonte di insorgenza delle patologie del comportamento infantile. Se questo è visibile ad un'attenta analisi per il bambino in età scolare, lo è ancor più per il bambino che vive la primissima infanzia, cioè il lattante.

c) Identità genitori-bambino

Come abbiamo accennato in precedenza il bambino piccolo ha con i genitori un legame molto stretto che lo fa di-

pendere totalmente da loro, anche dal punto di vista psichico, per la sua stessa sopravvivenza.
Dal punto di vista psichico, a questa età, la relazione bambini-genitori è di dipendenza reciproca nel senso che entrambi si trovano a sperimentare una relazione, a tre, del tutto nuova. Da un lato la coppia che la nascita del figlio ha trasformato da individui nel ruolo di genitori, con un bagaglio di conflitti mai completamente risolti del loro passato emotivo, e dall'altro l'equilibrio, fino a quel momento raggiunto dalla coppia, incontra serie modificazioni anche per le esigenze pratiche di accudimento di cui necessita il bambino. Le difficoltà relazionali della coppia possono ostacolare seriamente lo sviluppo psichico del bambino quando quest'ultimo diventa il punto di confluenza dello scambio relazionale tra i coniugi nel senso che ciascuno «usa» il bambino per attaccare l'altro, demolirlo nel suo operato, scatenando ansie reciproche che si riflettono sul bambino, ma che nascondono lotte sotterranee di potere.
Un genitore per essere tale deve aver vissuto a sua volta, e superato, la separazione dai propri genitori, perché altrimenti non è completa l'individuazione; solo così può diventare per il figlio un vero punto di riferimento e di forza, costituire per lui un riferimento sicuro, nel senso di fornire le radici e i limiti. Per affrontare quest'aspetto dobbiamo porre l'attenzione sul concetto di *fusionalità*. C'è uno stadio nello sviluppo psichico del bambino in cui il genitore deve essere fusionale con il proprio figlio: parti dell'uno e dell'altro si fondono insieme, in tal senso il processo fusionale non diventa distruttivo, ma un momento di contatto come si verifica nella relazione madre-bambino, che è fonte di reciproca unione. La relazione deve conservare il carattere dinamico, cioè la capacità di potersi evolvere dando ad entrambi la possibilità di distanziarsi senza vivere il pericolo incombente della frammentazione. Non deve strutturare invece una relazione adesiva, statica, che diventa cronicizzata e non consente all'individuo di passare dal registro del processo primario che vede la soddisfazione immediata dei bisogni, a quello del processo secondario in cui la soddisfazione del piacere scaturisce dalla consapevolezza del sé e dell'altro, quindi la percezione della realtà e delle sue regole. La relazione acquista il significato emozionale, amplificando la risonanza emotiva

nei comportamenti. Una coppia che vive un grado di fusionalità è portata a strutturare una relazione a danno della propria identità personale e della coppia, perché queste coppie funzionano con un elevato potenziale di ambiguità che comporta l'incapacità di distinguere fantasie e bisogni individuali infantili dal piano di realtà. Ma perché una coppia sia tale e progredisca deve superare la prima fase, in cui il potenziale di fusionalità mette a dura prova l'identità personale a causa della presenza della forte componente emotiva che spinge i due partner a realizzare l'identità fusionale che caratterizza ogni innamoramento: «due cuori e un'anima sola», per dirla con il linguaggio metaforico, attaccando così la separazione dell'identità dei due individui.

La coppia diventa tale, cioè capace di costituire una vita autonoma, quando i due componenti sono in grado di rimanere insieme pur essendo individualmente separati: in questo modo si incontrano, si cercano, si completano, senza distruggersi, perché la «separazione dall'altro» si basa sul riconoscimento della propria individualità e non come un prolungamento di se stesso a cui rapportarsi. Per la coppia il fatto di diventare genitori non coincide in modo automatico con la capacità di poter integrare identità personale e genitoriale, perché il vissuto di maternità e paternità è in grado di causare cambiamenti profondi riguardo al mondo fantasmatico che va a investire i ruoli di padre, madre e poi figlio. Il fatto stesso di dover dare spazio fisico e psichico a un altro, da parte della coppia, evoca sentimenti ed esperienze che riportano alla capacità di condividere il mondo affettivo con i propri genitori, fratelli, sorelle, riattivando spesso fantasie precoci che vengono proiettate sul proprio bambino. Il rapporto madre-bambino, almeno all'inizio, anche per la sua componente biologica è fortemente stretto, diadico, da cui il padre può sentirsi escluso. L'amore primario della madre è la fonte che assicura al bambino continuità, sopravvivenza, nonostante il «trauma» della nascita che lo separa fisicamente da lei. Ma l'amore non è necessario solo al bambino, anche alla madre, e quando viene a mancare la donna è soggetta a depressione post-partum o nei casi gravi a veri scompensi psicotici, perché il suo fragile narcisismo viene attaccato, non riesce a sostenere il peso emotivo che comporta l'essere madre.

La gravidanza, il parto, l'allattamento e tutte le cure di cui il bambino necessita sono tappe fondamentali allo sviluppo della maternità che investono la donna, non solo sotto l'aspetto che la vede trasformarsi in madre, ma contengono un'esperienza, nella sua essenza, unica, quella di «rivedere» attraverso il proprio bambino se stessa, nell'esperienza di continuità con la propria madre. Questi momenti di vita materna spesso sono caratterizzati da intense preoccupazioni fino a tramutarsi in certi casi in fonte di angoscia, perché la madre è bersagliata da dubbi dolorosi riguardanti le sue capacità di saper percepire e accudire in modo soddisfacente ai bisogni del proprio bambino, sottoponendosi a un travaglio personale, che sconvolge l'equilibrio psichico fino ad allora raggiunto.
Anche per l'uomo il processo d'integrazione della paternità alla sua identità comporta un forte impegno. Scrive Bertolini: «È un amore, quello paterno, rappresentabile nella mente e nelle emozioni, fortemente caratterizzato dalla potenzialità. Quello della madre invece è caratterizzato dalla presentazione dell'immediatezza e dall'attualità». Si profila quindi un amore con qualità differenti. Se invece ne fosse privo rimarremmo ancorati a uno stadio fusionale, anche se c'è e deve esserci sempre una componente fusionale nell'amore per il bambino e tra un uomo e una donna, perché è un modo per fondersi che struttura l'unità tra i componenti della relazione: è la qualità della fusione e della separazione, cioè il grado di intensità, che conduce al buono o cattivo funzionamento della coppia uomo-donna o genitori-bambino. Perché se la fusione è impossibilità di muoversi psichicamente, la separazione dall'altro vuol dire abbandono, e restiamo schiacciati da queste esperienze, incapaci di affrontare il ritmo che la vita richiede.
La nascita del bambino pone la coppia dei genitori di fronte all'esame del proprio equilibrio relazionale e profondo, in quanto la donna trasformata in madre non deve perdere il proprio ruolo di donna e deve ritrovare il desiderio sessuale che la pone di nuovo accanto al marito-uomo, divenuto padre.La madre dopo il periodo della gestazione in cui ha vissuto fisicamente e psichicamente un rapporto di unità biologica e affettiva con il proprio bambino, toccando le corde più profonde del suo essere, ricorda il ruolo della propria madre accanto al padre desiderato e con il proprio bambino. Lo stesso vale per il marito che ritrova la propria donna divenuta madre, nella quale, in parte, ri-

trova la propria madre, e il bambino con il quale, a certi livelli, si identifica. Molti padri alla nascita del proprio figlio si trovano a vivere un periodo di regressione, caratterizzato da sintomi differenti. In realtà un'analisi attenta rivela difficoltà di origine affettiva.
La crescita del bambino comporta un lungo periodo in cui le fantasie di entrambi i genitori aiutano la formazione di quelle del bambino, in cui il potenziale del desiderio agisce come polo conduttore che porta allo sviluppo della simbolizzazione e quindi alla conquista di differenti livelli di mentalizzazione, che compongono il grado di maturità, di identità di genitori. Freud mette in chiara evidenza come le fantasie dell'individuo e il desiderio siano attivati dall'appagamento mai completo di quest'ultimo e in qualche modo suppliscono alla mancanza della realtà. I suoi aspetti insoddisfacenti, forniscono all'individuo una soddisfazione parziale. La nascita del bambino e la sua crescita influiscono sulla formazione delle nuove relazioni familiari che coinvolgono padre e madre riguardo alle loro insoddisfazioni del passato, nel ritrovare gli oggetti perduti. Per la madre la nascita del proprio bambino è contemporaneamente fonte di soddisfazione e insoddisfazione perché dapprima il figlio è legato a lei in modo esclusivo, poi la maturazione psichica e fisica lo porta a perdere sempre più la dipendenza da lei per acquistare un'autonomia che lo allontana. Iniziano le separazioni e spesso sono le madri a non sopportarle. Per il padre la crescita del bambino è fonte di soddisfazione, più limitata, in confronto a quella materna, perché all'inizio è in parte escluso dalla coppia madre-bambino dal punto di vista biologico, rispetto a quando quest'ultimo, crescendo, lo condurrà a identificarsi con lui nel desiderio di autonomizzarsi dalla propria madre.
I differenti ruoli con le diverse emozioni sperimentate, dai componenti del nucleo familiare, basate sulla diversità ma anche sulla somiglianza, sulla partecipazione e sull'esclusione, confluiscono nel delineare il mondo familiare e le differenti identità che vengono a costituirsi, di padre, madre e figlio: tutto ciò va a costituire lo psichismo del bambino. Analizzando in tal modo le basi della comunicazione familiare: affettività e fantasia sono accompagnate dalla percezione di caratteristiche fondamentali quali esclusione e somiglianza su cui ruota la possibilità di realizzare in senso stretto la diversità, che in termini «psichici» porta alla percezione dell'altro, delle sue differenze e di-

versità, ma anche ad innalzare le barriere che esistono fra le generazioni che compongono una famiglia e che conducono il bambino alla percezione della differenza dei ruoli tra padre e madre che diventa strutturante ai fini dello sviluppo della personalità, perché lo conduce a una percezione corretta di se stesso, che confluisce a una percezione corretta della realtà.
Riteniamo che è durante il processo di crescita che il bambino percepisce queste differenze che lo condurranno alla consapevolezza dei ruoli che rivestono padre e madre solo attraverso il lavoro psichico svolto dalle fantasie e dalle esperienze della realtà che l'individuo si trova a sperimentare, ed è l'elaborazione delle fantasie che diventa elemento strutturante dello psichismo infantile, sviluppando la capacità di pensare.
Per potersi separare dall'oggetto è necessario che quest'ultimo debba essere prima investito, internalizzato, altrimenti non si verifica un vero distacco ma una collusione che comporta un distaccarsi che si risolve in un trauma. Riflettendo, scopriamo che dietro situazioni di questo tipo esiste una fusione mai risolta tra figlio e genitore, legame che molto spesso è impossibile sciogliere a causa non solo della mancanza di risorse da parte degli elementi fondamentali che costituiscono la fusione, genitore e figlio, ma anche perché il disagio di quest'ultimo malato, assicura la *sanità* della coppia.

d) Perché e come insorgono i disturbi alimentari nel bambino

La relazione madre-figlio è il motore propulsore dello sviluppo del bambino per cui ogni disturbo che colpisce il bambino, escludendo componenti strettamente biologiche, trova origine nella disfunzione del rapporto che li lega; la diade secondo Spitz, nell'ambito della quale si sviluppano una molteplicità di processi circolari che hanno la caratteristica di essere costituiti da azioni e reazioni sulla madre e sul bambino, quindi un sistema in cui si realizzano scambi di informazioni. Da questo punto di vista va considerata l'influenza non solo delle cure che la madre dà attivamente al suo bambino, ma anche ciò che inavvertitamente gli passa a sua insaputa, al di là del controllo cosciente. Il bambino a questa età è estremamente ricettivo, capace di percepire le sensazioni materne. Una madre può fornire al suo bambino attivamente cure affettive ma contemporaneamente bloccare le sue emozioni profonde, inibirle, e tale contraddizione fornisce al bambino messaggi che risultano *incoerenti*, perciò per lui difficili, a volte impossibili da integrare. Anche il bambino trasmette alla madre informazioni che sono di natura conscia e altra inconscia. La madre reagisce a questi segnali e da questo punto di vista il bambino fa emergere i conflitti materni irrisolti, intrapsichici. Dall'interazione di questi messaggi da parte di entrambi, madre e bambino, si sviluppa la relazione. Abbiamo considerato la diade come un sistema e l'equilibrio nasce dalla interazione delle parti: ciascun disturbo del bambino riveste il ruolo di disfunzione in seno a una entità più complessa. La diade è strutturata progressivamente dal rapporto madre-bambino (T. Benedeck). Il sintomo acquista la veste di compromesso che permette di mantenere l'equilibrio. Perciò lo stato psichico della madre incide su quello psichico del bambino più delle cure pratiche perché le fantasie, i pensieri che fa sul bambino ne influenzano lo sviluppo psichico, perché tutto ciò risente del suo vissuto fantasmatico che può impedirle di dare al suo bambino l'apporto libidico necessario perché investa su di lei.

Il più frequente dei disturbi alimentari nell'età evolutiva è l'*anoressia*. Nell'infanzia si presenta maggiormente nelle bambine, nell'adolescenza l'incidenza è quasi esclusivamente delle ragazze. *Infanzia* e *adolescenza* sono momenti cruciali per l'organizzazione della personalità e l'anoressia si presenta in entrambi i periodi, in seguito ci chiederemo perché. Affronteremo l'anoressia in base al fatto di rispondere a un controllo della fame o un apparente disinteresse per il cibo.

Le funzioni alimentari risultano profondamente impregnate di fattori psicologici in quanto si sviluppano con la nostra evoluzione biologica e affettiva. Due attributi fondamentali si addizioneranno: necessità fisiologica e piacere, due elementi che si rivelano in tutti gli studi etnologici riguardanti i divieti e i permessi alimentari.

Ciascuno di noi prova un piacere legato a un particolare tipo di cibo o disgusto. Ma gusto e disgusto risentono da un lato della «logica personale» alla quale ci siamo riferiti in precedenza, e dall'altro dell'influenza e determinazione dei gusti e disgusti imposti dalla tradizione e dalla condivisione del gruppo sociale di appartenenza. Basti considerare come le religioni o i movimenti filosofici abbiano indirizzato la loro attenzione al cibo, affermando a seconda delle epoche storiche l'ascesi o il godimento: l'eremita, il buongustaio o il goloso sono figure umane dal carattere universale che popolano la storia dell'umanità, e tutto questo si sviluppa indipendentemente dai dati scientifici sull'alimentazione e il bisogno alimentare.

Il bambino durante il primo anno di vita sperimenta una varietà di cibo. Spesso si sente parlare della totale dipendenza che lega il neonato al suo ambiente, ma si tratta di uno stato di impotenza transitoria funzionale: fin dalla nascita può vedere, sentire, inghiottire, ecc., quindi possiede strutture dalla cui maturazione derivano capacità che lo rendono autonomo e immediatamente inizia il suo rapporto con il cibo.

All'inizio il bambino sperimenta stati di tensione che derivano dall'urgenza di soddisfare le richieste dei suoi bisogni.

Il mezzo con cui il neonato segnala le urgenze delle sue necessità è il pianto, il modo in cui l'ambiente (la madre) *risponde* al suo pianto, comprendendone la vera natura o negandola, risulta determinante per lo sviluppo futuro del bambino: «è necessaria una soddisfazione completa ripetuta... e specialmente l'ambiente materno, perché si costituiscono le basi sensoriali della psiche»[2]. Quando lo sviluppo avviene in modo naturale, il bambino molto presto apprende a identificare i suoi bisogni e a soddisfarli. Ma se le risposte dell'ambiente sono inappropriate o se addirittura gli vengono imposte soddisfazioni giudicate dall'esterno per lui necessarie, ecco che ne scaturisce una confusione che comporta incertezza per il bambino: perché se è la madre che decide quando deve mangiare e non il suo bisogno interiore, biologico, i ritmi e le richieste personali del bambino ne escono sconvolti. Ciò comporta la difficoltà a identificare le proprie sensazioni corporee, ma in questo senso l'alimentazione non è la sola funzione che

---

[2] Anzieu, *op. cit.*, p. 52.

può essere fraintesa dal momento che in seguito si noterà la difficoltà a decifrare altre sensazioni fisiche e interpersonali che riguarderanno il bambino nella sua espressione globale.
Per ottenere un sano sviluppo, è fondamentale che il bambino sperimenti la conferma data dall'ambiente ai suoi bisogni: se la madre risponde ai suoi segnali di nutrimento offrendo il cibo, il bambino sperimenterà la fame come una sensazione distinta dagli altri stati di tensione e apprenderà nel tempo a distinguere i suoi bisogni: l'essere sazio dall'essere affamato e anche dall'essere bagnato, acquistando la capacità di distinguere, di godere del suo piacere.
Il bambino obeso rappresenta in questo senso il punto estremo nella scala dei disturbi alimentari, dominato dal panico dell'inanizione, *all'altro estremo il bambino anoressico* che nega i morsi della fame.
L'apprendimento, caratterizza non solo l'infanzia, ma l'intera fanciullezza; quanto più appropriate saranno le risposte alle richieste, dettate dagli impulsi e dalle sue necessità, tanto maggiore sarà la capacità del bambino di differenziare le sensazioni, i pensieri e i sentimenti come da lui derivati e distinti dall'ambiente. Al contrario, il bambino che non riceve risposte idonee alle necessità dettate dai suoi bisogni non ha sufficienti basi psicologiche su cui costruire la sua *identità fisica*, così pure, non acquisterà la piena consapevolezza delle proprie funzioni, perché l'equilibrio psichico si compone di fattori biologici e psicosociali. Perciò, all'esterno potrà ancora manifestare un comportamento adeguato rispondendo alle richieste dell'ambiente, ma nel periodo della pubertà, quando per il soggetto comincia il distacco dal nucleo familiare (scuola, vacanze, gruppi di coetanei, ecc.) sperimenterà la difficoltà di sentirsi incapace a sostenere gli impulsi fisici, come se il suo corpo non gli appartenesse.
Tornando al lattante, il suo rifiuto del cibo può essere una forma reattiva, per questo molti autori ricorrono al termine di *anoressia semplice o comune* (Brusset): infatti la sua prima apparizione può verificarsi intorno ai 6 mesi di vita del bambino per poi instaurarsi come comportamento ben identificato intorno al secondo anno.
Osservando il comportamento di questi soggetti si resta colpiti dalla vivacità e dall'attenzione con cui seguono e ri-

spondono alle stimolazioni ambientali, sono curiosi e attenti, ma all'ora dei pasti esplodono i contrasti, iniziano all'improvviso a rifiutare il cibo che la madre offre loro con insistenza, il bambino reagisce con manifestazioni che ricordano la collera. Tenendo presente l'età (la fine del primo anno) il rifiuto alimentare è stato spesso denominato *anoressia da svezzamento* perché in questo momento il cambiamento di alimentazione, più solida e variata, vede l'introduzione di nuovi gusti, così pure l'uso del cucchiaio. Assistiamo al verificarsi di processi biologici come la dentizione, il cui risultato psicologico è notevole perché comporta l'acquisizione di esperienze sconosciute: dal dolore che l'eruzione dentale procura alla capacità di mordere, al masticare speditamente, fino all'afferrare. In realtà a un'analisi più approfondita, accanto a tali fattori se ne rilevano altri più nascosti, in quanto quello che esplode a disturbare il comportamento alimentare del bambino è la conflittualità che sottende la relazione madre-bambino. In questi casi ha raggiunto livelli di tensione già elevati, cioè l'insieme delle emozioni che accompagnano il pasto del bambino da parte della sua famiglia crea diversi modi conflittuali, di origine affettiva. Il bambino «osservato» nella terminologia di Stern, si pone come un individuo capace di percepire. Gli studi sulla triangolazione (Fivaz, *op. cit.*) gettano luce sulle capacità del neonato, quindi fin dal primo anno di vita, di interagire con i genitori e come il comportamento di questi ultimi contribuisce a mostrare le qualità dell'interagire. Il bisogno di «ingozzare» i propri figli è qualcosa che riguarda esclusivamente il genitore e non certo il vero bisogno alimentare del bambino.
Il cibo è secondo noi un tramite per veicolare l'emotività, nel senso che, seguendo quest'ottica, conduce il bambino a relazionarsi, cioè a sviluppare relazioni buone o insoddisfacenti con entrambi i genitori. Quando sussiste l'alleanza tra i genitori, il bambino *triangola al meglio*, nel nostro caso la funzione svolta dal cibo diventa psicologicamente soddisfacente. Invece nelle situazioni familiari in cui la coppia dei genitori è conflittuale, il bambino ne viene colpito e la tonalità affettiva che si sviluppa nella relazione ne subisce le conseguenze e durante i pasti di frequente esplode.
L'ambiente familiare, molto spesso, concorre con risposte ansiogene, nega i veri bisogni del bambino, trascura le reali esigenze: dai ritmi del sonno all'appetito irregolare, co-

sì pure i disagi momentanei, dovuti a cause fisiche, che possono alterare il suo bisogno di cibo, alterare il gusto, come vedremo in seguito.

In questo momento si può instaurare un rapporto pericoloso, attraverso il cibo, tra il bambino e la famiglia, che trascurando le varie ragioni che lo hanno portato a rifiutarlo, instaura una serie di comportamenti che edificano un sistema coercitivo il quale finisce con l'imporre al bambino un'alimentazione tutt'altro che piacevole: cibo-costrizione. Abbiamo incontrato famiglie che ricorrevano alle più bizzarre distrazioni per imboccare a tradimento il proprio bambino, madri che utilizzavano inganni e nutrivano il bambino nel sonno o che presentavano la tettarella ad ogni suo cenno di pianto. Si strutturano così situazioni in cui l'intrigante rapporto con il cibo è causa delle apprensioni familiari che mobilitano l'intero nucleo.

Ennio, un bambino di 11 mesi, è inviato alla consultazione dal pediatra. Da quasi due mesi, i pasti del bambino sono una tragedia: rifiuta di mangiare, è imboccato a forza e poi non ingoia e il risultato è il vomito. Nell'ultimo mese è sceso di due chili.

Il bambino, è in braccio al padre, sguardo brillante, si guarda intorno, è attento, poi prende a succhiare il pollice. «Ennio non mangia» dice la madre, torcendosi le mani, «lo fa da quando è partita tua madre» continua rivolgendosi al marito. «È stata con noi tre settimane, con lei mangiare era un rito, giocavano».

«E ti pare poco» ribatte il marito. Il bambino reagisce con uno sguardo attento, alle parole del padre.

Chiediamo com'è andata in precedenza.

«È andata bene, ci pensava lei a farlo mangiare» risponde la madre. «Sa lui non è mai stato un vero mangione» (Farlo mangiare – mai un vero mangione colpiscono la terapeuta).

«E prima?».

«C'era con noi una baby-sitter, se ne occupava lei dei pasti, se ne è andata due mesi fa».

Chiediamo a questa madre di descriverci come avvengono i pasti del bambino.

«L'ho messo nel seggiolone a quasi otto mesi... ora appena lo vede piagnucola... gli metto una protezione perché si sporca tutto, ma non ce la faccio...».

«Ah, lei non sopporta niente. È sempre nervosa» dice il marito.

«Cosa gli mette?».
«Un grembiule...».
«Veramente dovresti raccontare proprio tutto, tutta intera la storia, altrimenti come fa a capire, anche del braccio» interviene il padre. Silenzio.
«Quale braccio?».
«...È... è per la sicurezza, per tenerlo fermo, lui si agita molto sul seggiolone e allora è pericoloso».
«A quale pericolo si riferisce signora?».
«Può cadere e... farsi male, i bambini si agitano».
«È naturale che si agiti, non è storpio, e poi si sentirà costretto». Il tono del padre è freddo, contemporaneamente sorride al bambino e gli accarezza la mano.
«Sei sempre critico tu, sei tu a fare la madre».
Il padre cambia la posizione delle gambe e il bambino si aggrappa al suo collo, impaurito. «Tranquillo, Ennio, stai tranquillo». Il tono di voce ci sembra troppo elevato.
«Ai pasti del bambino siete presenti entrambi?».
«No, la sera ci sono spesso, e poi le feste. Anche questa è una sua idea fissa, gli orari, pretende che mangi con l'orologio».
«E come va?» chiedo.
«Peggio, litighiamo ferocemente» risponde la moglie, «e poi lui mi sfila il piatto di mano e lo imbocca, mangia un quarto di quanto dovrebbe».
«No, di quanto hai stabilito tu».
«Una regola bisognerà pur darla, Quando era più piccolo il biberon lo prendeva a letto».
«Certo».
Riteniamo che questo stralcio di un primo colloquio ci possa far riflettere sul poco appetito del piccolo Ennio e su quale strada possono avviarsi le difficoltà, se non si profila un cambiamento.
Conoscere le abitudini che accompagnano i pasti di un bambino piccolo è fondamentale al terapeuta per determinare i conflitti che sottendono la relazione genitori-bambino-cibo e ancor più per cominciare a conoscere la realtà vissuta dal bambino e dal nucleo familiare, solo così saremo in grado di poter risalire a quella più difficile, fantasmatica. Il cibo per il nostro piccolo paziente è un bisogno spinto dalla coercizione, stabilito da una regola vuota che impone ritmi al di fuori della realtà obiettiva: i ritmi interni segnano tutt'altra *logica* da quelli esterni. Senza tra-

lasciare poi il fatto che a volte la situazione di rifiuto del cibo può aver coinciso con un vero cambiamento che risulta traumatico per il bambino. Per esempio, la madre è stata sostituita all'improvviso da un'altra persona o da una intera struttura nella sua cura, il bambino può così trovarsi confrontato ad abitudini del tutto nuove, tra sconosciuti, oppure avviene esattamente il contrario, il bambino si alimenta meglio, e qualche volta in modo normale, con altre persone, perché è stata sostituita l'atmosfera affettiva che accompagna i pasti. In termini psicodinamici significa che cambiano i parametri della relazione: la babysitter prima, la nonna paterna poi, avevano strutturato con Ennio una relazione che prima della nutrizione mutuava il contatto affettivo con il bambino, di disponibilità. Da due mesi il bambino, con i pasti, viene confrontato al conflitto che agisce nella relazione con la propria madre: perché non è stata la madre a occuparsi di lui, bensì la nonna paterna? Che cosa ha spinto questa madre a non prendersi cura del proprio bambino? La paura che possa sporcarsi, il timore che cada, che si faccia male. Questa madre teme i bambini, si agitano.
Sono le situazioni in cui la madre è confrontata alle sue incapacità profonde, soprattutto non le riesce di sostenere il ruolo di investimento che pesa su di lei, cioè a svolgere il ruolo materno, è colpita narcisisticamente, non sopporta comportamenti di rifiuto. Questa madre appare preoccupata esclusivamente del fatto «meccanico del mangiare», ossessionata dalla quantità di cibo consumata dal suo bambino. Il marito la critica, non l'aiuta di certo, come funziona questa coppia? La madre dice al padre che è lui a fare la madre. Quale clima affettivo-relazionale circonda questo bambino? Il bambino mostra uno sguardo attento, che ci stupisce, perché segue ora l'uno ora l'altro dei genitori. Poi si isola, guarda attorno, e poi si succhia il pollice. Da solo cerca protezione. Il padre lo tiene in braccio, c'è poca partecipazione nello scambio fisico con il suo bambino. Quando si siede, il bambino resta sulle sue ginocchia, come un trofeo. Quando cambia la posizione delle gambe, il bambino sussulta, appare impaurito, si aggrappa al collo del padre. Intanto notiamo che tra madre e bambino non ci sono sguardi, mancano scambi fisici, la qualcosa ci appare notevole nella relazione tra una madre e un bambino di 11 mesi. Comunque i conflitti appaiono più evidenti con

la crescita. Infatti, a partire dal secondo anno le tensioni si manifestano attraverso i comportamenti di autentica opposizione al cibo da parte del bambino che così invischia l'intera famiglia, mobilitata a escogitare diversivi per farlo mangiare, con il risultato di un intenso aumento di tensione.

Il risultato delle costrizioni brutali è quello di rinforzare l'aggressività da ambo le parti: il bambino risponde con opposizione, vomito, mal di pancia, gli adulti con livelli di ansia notevoli. Tutto ciò ci porta a fare un'importante distinzione (Kreisler) riguardo all'entità del disturbo anoressico che si rivelerà fondamentale ai fini della terapia. Il rifiuto di cibo di Ennio è qualcosa che va al di là dell'apparente rifiuto di mangiare, che tocca profondamente la sfera emotiva. Il bambino si dondola spesso nel suo lettino o si ciuccia per ore il pollice. Tutti aspetti che vanno ricondotti alla relazione con i genitori.

Le forme cui abbiamo accennato sono in realtà disturbi che riguardano soprattutto il rifiuto del cibo, perciò ci troviamo dinanzi a *una condotta da parte del bambino*, cioè a un comportamento agito che per quanto pesante ha una prognosi diversa perché, come appare in superficie, è un comportamento di rifiuto, non è legato al cibo di per sé, può rivelarsi un'opposizione alla persona, e usa l'unico mezzo da lui posseduto, il rifiuto. Il bambino esprime, in questo modo, mediante una condotta attiva, l'ostilità che al momento di mangiare si manifesta verso qualcuno, a differenza delle altre situazioni in cui è tranquillo, vivace ma non ostile. Quindi il conflitto è relazionale.

Ci sono casi in cui il bambino ci sembra sazio fin dall'inizio del pasto. Non appare mai affamato, difficilmente reclama, non dà segnali di agitazione, ma viene spesso definito dall'ambiente come un bambino *tranquillo,* forse un po' *pigro*. In questi casi dovremmo sostituire pigrizia con abbandono. È un tipo speciale di *anoressia* che *insorge* durante il pasto, a volte più spiccata per alcuni cibi; tale comportamento viene definito da molte madri come *pigrizia*. Ma un'analisi più approfondita della situazione di vita del bambino ci permette di cogliere un'atmosfera povera di stimolazioni affettive, che lo lascia più in un mondo di solitudine, di eccessiva tranquillità, perché il contesto è privo di slanci capaci di mobilitare le risposte del bambino. La privazione di stimolazione provoca invece un ambiente depressivo che influisce sul narcisismo fragile, e quindi sulla capacità di investimento. Se tale situazione si stabilisce per un periodo lungo, il bambino verrà a trovarsi in una speciale atmosfera che può causare un arresto dello sviluppo psichico, provocando un'evoluzione particolare dello psichismo, come avviene nell'autismo. Naturalmente il clima depressivo ha marcate caratteristiche che investono la relazione madre-bambino.

e) Prime forme del disturbo alimentare

Anoressia d'inerzia

Ci sono bambini abbracciati e toccati per necessità, e non per il piacere di avere uno scambio affettivo. Anche il pasto viene consumato lasciandolo nella culla, *per farlo mangiare,* come osserva la madre del colloquio precedente. Altri invece sono invasi da coccole e carezze. Molti autori hanno definito questo comportamento alimentare del bambino *anoressia d'inerzia*[3]. Sono bambini a cui non viene dato un supporto affettivo mediante la pelle: carezze e abbracci risultano le carenze più evidenti, la relazione materna è improntata sull'accudimento prettamente fisico, quello affettivo è decisamente trascurato.
Quello che più ci ha colpito nei bambini incontrati è la modalità in cui avvengono i pasti, l'atmosfera è triste, nei casi più gravi addirittura impersonale, le reazioni comportamentali del bambino, le sue risposte sono improntate alla passività: scarso uso delle labbra, subisce il fatto di lasciarsi riempire la bocca, ma non deglutisce, la bocca è una cavità da riempire, e poi spesso c'è la remissione con il vomito. Di questa famiglia colpisce l'atmosfera generale, manca la gioia. Questa forma particolare di anoressia nelle situazioni più insistenti è investita da una speciale energia di resistenza che va ad intaccare l'istinto di conservazione.
Riteniamo importante a questo punto porgere l'attenzione ai disagi che incontrano i bambini che fin dalla nascita presentano deficit, che li portano a non poter beneficiare appieno delle loro potenzialità. Sulla base di una carenza fi-

---

3 Brusset, Kreisler, *op. cit.*

siologica s'innesta l'apporto dell'ambiente che li conduce a sviluppare comportamenti ancora più disagiati quando quest'ultimo agisce in modo contraddittorio. Gaetano ha 20 mesi, il rifiuto del cibo è decisamente marcato. La madre di appena 20 anni ha lasciato, da circa due mesi, il padre del bambino perché la picchiava brutalmente. Osservando i pasti del bambino quello che maggiormente colpisce è l'indifferenza con cui accoglie il cibo che la madre gli porge, imboccandolo. Riflettiamo sulla relazione madre-bambino che si svolge sotto i nostri occhi: gli scambi avvengono in silenzio, si nota una certa fretta materna di imboccarlo rapidamente. Il bambino non la guarda, la madre fissa la sua bocca. A questa età i bambini sono in grado di portarsi il cucchiaio alla bocca, hanno raggiunto una emancipazione più elevata, ma questi ultimi aspetti per quanto importanti sono in realtà una conseguenza del primo scambio, quello preverbale: infatti entrambi evitano di guardarsi negli occhi. Dal colloquio con la madre emerge: «Ho sempre cercato di farlo mangiare pulito, prima che lui (padre) arrivasse, soprattutto la sera, per evitargli… tutto quello che le ho raccontato».

Anoressia fantasma

Un'altra forma è quella sovente definita *anoressia fantasma* che è insita nei pensieri e desideri dei genitori, in quanto rispecchia quello che secondo loro il bambino dovrebbe mangiare, trascurando totalmente i bisogni reali del bambino, comprese le differenze individuali che contraddistinguono l'aspetto di un bambino dall'altro. In tali situazioni il bambino si difende dall'essere nutrito con un comportamento di rigetto, ricorrendo a sintomi quali il vomito e di frequente i dolori addominali. Sono spesso le situazioni in cui il genitore pensa a scegliere ciò che lui ritiene giusto, escludendo totalmente il bambino e ciò che lui desidera. La relazione è ansiogena perché le angosce materne si manifestano all'esterno attraverso le quantità e le qualità del nutrimento del proprio bambino. Sono le situazioni che il pediatra o il medico di famiglia cercano di affrontare rassicurando i genitori sul peso, sulla buona salute, sulla sana costituzione del bambino. Allentando la tensione, derivata dalle ansie dei genitori, il disturbo alimentare scompare.

Se la situazione persiste il rischio è quello di mettere in atto una reazione di rifiuto abituale al cibo da parte del bambino, che va a riflettersi di conseguenza sull'intera alimentazione. Sono le situazioni in cui, è evidente come il cambiamento *affettivo* dei genitori sblocca immediatamente le difficoltà. La scuola materna è spesso un valido specchio per poter osservare l'evolversi di queste situazioni. I bambini che godono in famiglia della libertà di assumere cibo secondo i loro bisogni si nutrono senza grande difficoltà, e la variazione di cibo assunto viene accettata in breve tempo. Mentre i bambini che hanno strutturato un rapporto *oppressivo* con il cibo manifestano un comportamento aggressivo che poi varia su due posizioni estreme: il rifiuto, come del resto avviene in famiglia e spesso si normalizza nell'ambiente scolastico dopo qualche tempo solo se il personale di assistenza non ricorre ad atteggiamenti coercitivi; oppure un'assunzione limitata mentre in casa si registra una *situazione di tragedia* che si ripristina a ogni pasto. Questi bambini vivono un'esperienza asettica nel senso del contatto, il cibo assume il valore di conflitto relazionale tra loro e i genitori. Molto spesso arrivano solo in seguito alla consultazione psicologica, e spesso si verifica che all'entrata nella scuola materna reagiscono con pianti interminabili e isolamento che colpiscono più gli insegnanti che le loro madri. Il fattore alimentare all'inizio è quasi trascurato, solo un'attenta osservazione rivela il cattivo rapporto con il cibo. Il lungo tempo trascorso in sala da pranzo, con bambini all'entrata nella scuola materna, ci è stato di grande utilità nel cogliere le loro capacità relazionali e conflittuali, il loro accostarsi al cibo, il rifiuto o l'ingozzarsi, o il semplice sguardo al piatto, si sono rivelati elementi assai indicativi, riguardo allo sviluppo evolutivo raggiunto, ma ancor più il loro «vissuto» circa il fatto di «pranzare»! Infatti, ci ha sempre colpito come bambini di appena tre anni stessero a tavola mostrando un vero piacere nel conversare, sorridere e scherzare con i compagni seduti loro accanto e come l'atteggiamento complessivo risultasse piacevole. Mentre altri erano ostili o si gettavano sul cibo, altri trascorrevano tutto il tempo a mescolare nel piatto. Gli elementi raccolti mostravano un aspetto che va ben oltre il semplice fatto di nutrirsi. E siccome queste sono «abitudini» che si apprendono in famiglia, il nostro interesse è stato rivolto ai rapporti familiari e con i compagni.

Anoressia mentale

Ora affronteremo la forma più grave del disturbo alimentare: l'*anoressia mentale*.
Al suo debutto la situazione può procedere pressappoco come nelle altre forme menzionate, poi all'improvviso la situazione precipita nel senso che il bambino presenta altre gravi difficoltà che investono molteplici aspetti del comportamento: soprattutto l'umore, molto instabile, con passaggi spesso a collere improvvise e violente, al singhiozzare, all'urlare, ma il fatto più sorprendente è che il bambino agisce come se il cibo non lo riguardasse e spesso è soggetto a crisi di profonda angoscia; oltre al rifiuto del cibo e del bere, si verifica anche l'alterazione dei ritmi del sonno. Ci troviamo di fronte a un quadro sintomatologico che preoccupa non solo l'ambiente ma gli stessi terapeuti, perché le manifestazioni richiamano il funzionamento psicotico.
Una prima forma di anoressia, la cui evoluzione si presenta in modo acuto, può manifestarsi intorno alla fine del primo anno di vita del bambino o nel secondo. Il bambino reagisce con angoscia alla sola presenza del cibo e può rifiutare anche il bere, la situazione può prolungarsi per giorni e data la gravità derivante dai disagi fisici, come disidratazione e denutrizione, si ricorre a misure di urgenza in alcuni casi, come l'ospedalizzazione. Spesso situazioni di tali gravità sono l'esplosione di un quadro di vita del bambino sottoposto a traumi continui, oppure a traumi improvvisi che ribaltano del tutto la qualità di vita fino a quel momento avuta: abbandoni, incidenti, allontanamento forzato dai genitori da parte delle Autorità, quando la situazione familiare diventa intollerante per la stessa sopravvivenza. Ci riferiamo a famiglie purtroppo spesso a rischio per la stessa sopravvivenza del bambino. L'attività clinica svolta per l'Autorità competente spesso ci ha confrontato a genitori alcolizzati o drogati, il cui funzionamento psichico si sviluppa in un versante dichiaratamente psicotico o con tendenze antisociali gravi, per cui è stato necessario l'allontanamento del bambino dalla propria famiglia.
Nicola, un anno, viene portato in casa famiglia, dopo 3 settimane di ricovero ospedaliero, a causa di notevoli disturbi fisici (polmonite) tra cui quello alimentare. Il primo gior-

no rifiuta di mangiare, serrando le labbra. La donna che si occupa di lui, gli parla lentamente, rassicurandolo. Allontana il piatto e tenendolo in braccio si dirige sulla terrazza. «Mangerai più tardi, quando ti sentirai». La donna, madre di 2 ragazzi di 15 e 14 anni, è molto affettuosa con lui, parla e lo accarezza anche quando il piccolo Nicola serra le labbra. Mai lo forza. Dopo due ore il bambino accetta di essere imboccato, ma solo rimanendo sulle ginocchia della donna.

È opportuno comunque distinguere sempre le fobie alimentari dal *disinteresse* per il cibo. Altre volte l'anoressia rientra nel quadro di una situazione psichica legata alle così dette *disarmonie evolutive,* cioè forme infauste di evoluzione psichica, che porteranno a un funzionamento psichico di tipo psicotico. In questi casi entriamo in un ambito del tutto particolare, che presenta le caratteristiche di indebolimento delle percezioni causato dalla mancanza di stimoli. L'investigazione psicodinamica spesso rivela come in questi bambini sia penalizzata l'attività autoerotica di tipo orale e un'inadeguata attività motoria, e poi alimentare. Infatti alcuni rifiutano di masticare, utilizzando così solo la parte superiore della bocca e gli incisivi, ne risulta oltretutto danneggiato anche il linguaggio, pronuncia difettosa o assenza, tranne che per l'emissione di rumori, si tratta di bambini che presentano disturbi molto seri, come comportamenti autistici, propriamente detti incapsulati (Tustin), nei quali il disinteresse per il cibo è solo un aspetto di quello più grave che investe tutto il rapporto con la realtà.

Soulé ha definito questo disturbo la *fobia del muso*. La Doumic descrive un quadro comportamentale ed espressivo di questi bambini veramente impressionante: «...pallidi, angosciati e in preda alle fobie di divoramento, praticamente legati alla madre in una relazione di tipo simbiotico, ma allo stesso tempo appaiono distanti e lontani da lei». Potremmo aggiungere che la corazza con la quale si isolano è la loro unica protezione, non avendo confini che li delimitano. In alcune forme del disturbo autistico si notano caratteristiche di completo disinteresse per il cibo.

Un'altra forma di *anoressia mentale* è quella che copre un profondo stato depressivo, si presenta non solo come condotta di rifiuto del cibo, ma come un vero attacco all'appetito e alla fame.

Sono le situazioni in cui nella madre del bambino si riscontra un grave stato depressivo, oppure è la conseguenza del trauma della separazione da lei. Il clima affettivo è quello ampiamente illustrato da Spitz per la depressione attraverso le ricerche effettuate in bambini molto piccoli, abbandonati dalle loro madri, e quindi ricoverati in istituti. Compare l'atonia e nelle forme più gravi i vomiti psicogeni, ci troviamo spesso di fronte alla disorganizzazione psicosomatica che attacca l'istinto di conservazione e il bambino corre rischi seri anche dal punto di vista della sopravvivenza.
Quando sono più grandi, questi bambini molto spesso presentano un comportamento diligente, estremamente adattabili, e proprio per questo l'ambiente riserva loro una buona accoglienza, non disturbano. Dietro l'immagine che suscitano di *bambini santini* si maschera un controllo esasperato sulle pulsioni che argina il vuoto di cui sono provvisti, negano ogni iniziativa personale e rispondono alle richieste dell'ambiente con comportamenti adesivi. Molto spesso si parla di funzionamento psichico tipo falso sé, però in alcune situazioni, le più gravi, avanza la confusione psicotica.

Vomiti psicogeni

Esiste una forma di vomito che si manifesta sporadicamente, ad esempio quando i bambini vivono momenti di intensa collera o di contrarietà, quindi sotto l'effetto di intense emozioni che non riescono a tollerare e che devono immediatamente espellere. Naturalmente ciò ci conduce alla relazione instaurata con i genitori, fortemente ansiogena, che è di tipo conflittuale, costrittiva. Anche gli adulti del resto non sono immuni da questo disturbo, che può costellare personalità di struttura differente. Gli autori fanno la seguente distinzione:

• *Vomiti psicogeni*: caratterizzano spesso l'anoressia comune della prima infanzia. In certi casi possono manifestarsi per mesi, durare a volte anche per anni, nonostante l'anoressia come manifestazione comportamentale sia stata risolta e il rapporto con il cibo sembra aver acquisito un'espressione normale. In realtà tutto ciò rimanda alla re-

lazione d'oggetto, il rapporto affettivo che il bambino ha sperimentato in precedenza è stato fortemente ansiogeno.
• *Vomiti abituali*: una volta esclusa la natura organica o dietetica del disturbo, ci si rivolge all'investigazione psicodinamica per mascherare il ruolo funzionale da esso ricoperto, si cerca di comprendere gli aspetti che caratterizzano l'interazione bambino-genitori. Si deve tener conto dell'età del bambino, perché essa ci consente di riflettere sulle qualità dello sviluppo delle relazioni oggettuali.

Il vomito viene spesso considerato come appartenente alla patologia psicosomatica della *disorganizzazione*, questo vuol dire ammettere anche nel bambino piccolo l'esistenza di un'organizzazione. Le *forme acute* dei vomiti psicogeni si verificano in bambini che già hanno strutturato la relazione oggettuale. Il trauma è un avvenimento che va a colpire i punti vulnerabili e soprattutto l'interazione caratterizzata dall'incoerenza e dall'instabilità emotiva. La relazione primaria vissuta da questi bambini è stata fortemente patogena perché troppo violenta nelle emozioni, nel senso di fortemente stimolante, oppure perché carente: sempre comunque una relazione con l'oggetto compromessa dall'incoerenza. Spitz evidenzia che intorno ai tre mesi il vomito nel bambino richiama il fenomeno della proiezione. «Ciò che è cattivo deve essere esterno a me» (Freud, *op. cit.*). L'alimento assume il valore di oggetto cattivo, intollerabile e per questo da espellere. Quando un bambino così piccolo mette in atto, comportamenti di tale intensità, è fondamentale ricorrere all'indagine psicodinamica, per affrontare le conflittualità materne e della coppia che confluiscono nella relazione con il bambino e ne compromettono lo sviluppo psichico. Si tratta spesso di madri infantili, ansiose nell'allevare i propri bambini, esigenti con se stesse, spesso in preda a sensi di colpa, estremamente attente al rispetto formale: orari, alimentazione, igiene… Ci troviamo di fronte a una relazione oggettuale basata sulla freddezza emotiva che procura al bambino un «congelamento» delle emozioni, un'introiezione dell'oggetto resa difficile dalle qualità materne; queste madri spesso risultano disponibili solo all'apparenza.
Carlo ha un anno e mezzo. Dopo accurata indagine clinica, è stato inviato alla consultazione psicologica dal Servizio di Pediatria.

«Prima vomitava qualche volta» dice la madre che tiene in braccio il bambino. «Da quasi tre mesi non c'è sera, cioè cena o pranzo, che non vomita».
Il bambino è dimagrito di quasi tre chili, lo sguardo più che vivace appare teso a ispezionare l'ambiente.
«Ha cominciato a dire le paroline a otto mesi».
Porgiamo a Carlo un orsacchiotto, nell'afferrarlo cade, la madre fa scivolare il bambino dalle sue ginocchia. A piccoli passi raggiunge il peluche. Si siede di spalle sul tappeto e lo stringe. La donna scoppia in singhiozzi. Il bambino ha un sussulto.
«Casa nostra è un disastro».
«Cosa succede?».
«Sempre urli. Suo padre... Mio marito è una persona insopportabile, siamo sposati da tre anni, ma dopo tre mesi avrei dovuto andarmene».
«Perché?».
«Non è adatto al matrimonio, esce tutte le sere, e quando sta con noi è ancora peggio».
«A cosa si riferisce?».
«Al fatto...l'altra settimana ci siamo pestati, e Carlo si è svegliato urlando».
«Come è iniziato il fatto del vomito?».
«Aveva un anno, all'inizio ho pensato che fosse il modo di mangiare».
«Cioè?».
«Lui divora, mangia in fretta, da affamato e dopo un po'... tira fuori tutto».
Il bambino si alza e va verso la madre.
Nonostante i decisivi cambiamenti che il trattamento di psicoterapia di coppia ha portato nella comunicazione tra i coniugi e con il bambino, il vomito è durato a lungo. Le relazioni emotive vissute dal bambino sono state per lui troppo violente.

Potomania

Detta anche diabete insipido, psicogeno o polidipia primaria. È caratterizzata da una compulsione che spinge il soggetto a ingerire enormi quantità di liquido, soprattutto acqua e nel momento di andare a letto, a causa della forti angosce che prova. A volte durante le sedute di psicote-

rapia può verificarsi il bisogno di bere, sono richieste che vanno considerate in rapporto alla situazione che il soggetto sta vivendo, perché determinano l'emergere di un aspetto profondo della dinamica impulsiva. Gli autori a proposito dell'ingestione di acqua sporca o urina parlano, in simili circostanze, di perversione della sete. La letteratura non offre in questo campo vasti esempi clinici, però la sua presenza è collegata a varie forme di psicopatologia: che colpiscono bambini piccoli e anoressici o nel momento della preadolescenza, sempre provati da angosce primordiali che l'individuo cerca di bloccare riempiendosi, per difesa.
Riccardo, un bambino obeso di 8 anni, a distanza di un anno dalla morte della propria madre, aveva iniziato a mangiare continuamente e a bere enormi quantità di acqua e succhi di frutta prima di coricarsi. Il sintomo iniziò a diradarsi dopo una seduta di Sceno-test in cui i personaggi di una famiglia «disgraziata» andavano a dormire con il timore di non svegliarsi più. Attraverso la scena costruita fu possibile iniziare ad affrontare «la scomparsa» della madre.

Mericismo

È un disturbo di carattere funzionale, costituito dal rigurgito degli alimenti prima ingeriti: un vomito procurato. Viene provocato in modo autonomo dallo stesso soggetto, gli alimenti vengono poi masticati all'infinito e di nuovo ingeriti, in parte o del tutto. Molto spesso la ruminazione è stata descritta nella patologia degli adulti psicotici o perversi, si riscontra anche negli esibizionisti, comunque quello che distingue e quindi caratterizza l'attività mericistica è il fatto di praticarla in modo isolato, al riparo da sguardi altrui, in segreto; questo le conferisce un carattere privato, autoerotico, che deve indirizzarci ad indagare sulle stimolazioni affettive ricevute dal bambino.
Il momento di insorgenza di solito si registra verso la fine del primo anno e colpisce soprattutto i figli maschi.
Molto spesso la diagnosi di mericismo si fa con ritardo, e soltanto in seguito si evidenzia che è stato preceduto da esperienze quali il vomito o rigurgiti frequenti. Il recupero del cibo si ottiene non con l'introduzione del dito o di

un oggetto a contatto diretto con la faringe, ma con uno sforzo di volontà che implica una complessa attività motoria il cui schema di funzionamento, è stato chiarito dagli autori ricorrendo all'esame radiologico. Una parte degli alimenti può essere vomitata, l'altra trattenuta in bocca e masticata per un tempo molto lungo e poi inghiottita. La perdita alimentare è notevole, da ciò derivano conseguenze per il bambino notevoli come denutrizione e/o disidratazione. Altre volte, il soggetto riesce a far tornare in bocca esattamente la quantità di cibo sufficiente per la ruminazione e non arriva al vomito. Il bambino che pratica la ruminazione colpisce non solo per l'attività inabituale, ma anche per l'atteggiamento: lo sguardo perso nel vuoto, fuori da ogni interesse per il mondo che lo circonda, totalmente assorbito nella sua soddisfazione autoerotica, annullando ogni interesse per ciò che lo circonda. Se compare una stimolazione esterna il bambino interrompe immediatamente tale attività, mentre il comportamento riprende quando è solo o pensa di essere solo: è una condotta perciò compulsiva-ripetitiva. Il bambino osserva attentamente qualunque adulto, ma non presenta reazione d'angoscia verso l'estraneo, o comportamenti che possono farlo supporre. Questo punto merita una riflessione attenta perché l'angoscia dell'estraneo è un chiaro segno di evoluzione psichica del bambino, denuncia la sua capacità di differenziare la realtà che lo circonda. Nel caso del mericismo ci troviamo di fronte alla costituzione di una relazione affettiva molto carente, osservando questi bambini si coglie una pronunciata caratteristica di avidità di contatto con l'adulto. La difficoltà di questi soggetti è costituita dall'impossibilità di sperimentare un'introiezione stabile con l'oggetto. Ciò ci pone di fronte alle precoci difficoltà da essi sperimentate e che hanno influito sullo sviluppo psichico. Alcuni autori (Fain, Marty) hanno ipotizzato che lo sviluppo abnorme delle spinte autoerotiche nasce come tentativo al bisogno di arginare e quindi compensare la mancanza di apporto narcisistico la cui sorgente è l'istinto materno: deprivazioni da un lato e forte discontinuità della presenza affettiva della madre dall'altro mettono il bambino nella difficoltà di poter percepire un legame continuo e quindi di vero appoggio.
Quando il bambino sperimenta una mancanza di tale apporto in modo considerevole, sviluppa molti comporta-

menti *chiusi*, in quanto incentrati su se stesso, che tendono a esprimere l'autoerotismo perché il corpo rimane l'unico mezzo per sentire di esistere. Tutto ciò va a costituire nel prossimo futuro una base per la psicosi. Il fatto di riportare il cibo in bocca costituisce una gratificazione orale ma secondaria, rispetto al significato più profondo che può assumere nella dinamica psichica del bambino. Ricordiamo il gioco del rocchetto di Freud: il filo del rocchetto può essere considerato un primo abbozzo dell'atteggiamento perverso. Il corpo è il luogo e anche il mezzo a cui il bambino ricorre per esprimere i suoi conflitti e padroneggiare le sue angosce.

La replezione gastrica genera una sensazione molto angosciosa, potremmo equipararla all'esperienza di vuoto e di perdita che porta all'annientamento. A questo proposito ricordiamo la valutazione che Brusset dà dell'esperienza dello psicotico, è quella data a certi adolescenti riguardo al vissuto sperimentato nell'alternanza di anoressia-bulimia. Perciò il mericismo potrebbe tradurre il tentativo di difendersi, da parte del bambino piccolo, da angosce molto intense, utilizzando il contatto del bolo alimentare con l'esofago; ciò gli consente una stimolazione che può padroneggiare evitando così il vuoto che gli procura il panico, l'esperienza di annientamento.

Questo ci conduce a considerare l'enorme investimento regressivo sul bolo alimentare che assume la funzione di unica modalità di relazione d'oggetto sperimentata dal bambino. Perciò al mericismo possiamo dare il connotato di patologia scaturita dalla mancanza di un vero supporto materno, di grave carenza, che a sua volta genera l'assenza dell'introiezione dell'imago materna; il bambino non ha potuto perciò appoggiarsi su di essa perché non gli è stato permesso. Spesso è necessario ricorrere all'ospedalizzazione del bambino per porre riparo alle difficoltà nutrizionali, accanto a misure terapeutiche che investono il bambino e la madre, la loro relazione fortemente conflittuale. Il rischio è la devastazione psicotica. Richmond connota la personalità materna come fortemente aggressiva, ma incapace di esprimere tali contenuti, che invece nasconde dietro l'insorgere di fantasie di morte del bambino, mentre nella realtà adotta un atteggiamento premuroso, soffocante, decisamente emerge lo scarso potenziale affettivo. Nel complesso non si rileva un'autentica mancanza di cura per il bam-

bino, ma la deprivazione «investe» alcuni settori specifici della relazione. Aubry considera il mericismo come una deviazione dell'istinto orale causato dalla figura materna incapace di fornire un vero apparato narcisistico, una madre dalla personalità troppo fragile, impegnata a salvaguardare se stessa.
Personalmente abbiamo seguito una madre al cui bambino di 3 anni era stata fatta diagnosi di mericismo. Fin dal primo colloquio mostrò sorpresa, alternata a indifferenza, per ciò che stava accadendo a suo figlio. Aveva un altro bambino di 7 anni che definiva *obbediente e silenzioso*, in realtà all'entrata nella scuola elementare l'équipe medico-scolastica lo aveva diagnosticato come mutacico. Dopo la separazione dal marito avvenuta quando il bambino aveva circa tre mesi, la donna aveva sviluppato un comportamento assai ossessivo nei riguardi di questo secondo figlio. In realtà questa madre rivelava un funzionamento psichico assai grave, un potenziale anaffettivo nei riguardi di entrambi i bambini che spesso definiva «due piombi che mi si attaccano alle caviglie».
Riportiamo una stralcio del colloquio.
«Non volevo fargli male... bè allora... era così piccolo... stavo attenta a muoverlo, a toccarlo...».
«E per cambiarlo?».
«Oh... non lo toccavo, facevo tutto afferrando un pannolino, lo lavavo con la spugna».
«E i pasti?».
«Ma... mangiare... mangiava poco, nella culla, poi... si scolava il biberon».
«Non lo teneva in braccio?».
«Oh no!».
«E come mai!».
«Ma sa... i virus, c'è sempre tanta polvere... dovrei dirle delle cose... bè io faccio molta attenzione a toccare molte cose... possono venire le infezioni». Silenzio. Siede sul bordo della sedia.
«Quello che mi dice forse ha influito sul fatto di toccare il suo bambino».
«Sì... si poteva contaminare e poi... io non ci pensavo proprio ad averlo». Silenzio.
«Se ho ben capito non ci pensava proprio ad avere un bambino».
«No... è il padre che voleva figli, in casa sua erano cinque figli».

Obesità

Nel lattante può manifestarsi spesso dopo un periodo di anoressia quale prodotto del particolare legame che si stabilisce tra bambino e genitori, mediato dalla funzione alimentare. Alcune manifestazioni del comportamento, del bambino piccolo, possono incorrere in modificazioni, oppure scomparire del tutto e sempre in stretta connessione alla presenza o assenza della madre o di chi si occupa più intensamente di lui e provvede ai suoi pasti. In questo senso gli scambi privilegiati tra madre e lattante sono la base delle future abitudini alimentari di quest'ultimo: la voracità che alcuni lattanti e, in seguito, bambini, presentano è collegata anche al modo di nutrirli; bambini che ricevono la soddisfazione alle loro richieste dopo lunghe attese, o addirittura quando sono estenuati, si nutrono non solo con voracità, come quelli circondati da elevati stati di tensione, ma vengono deprivati del piacere che l'esperienza del mangiare comporta perché logorati dall'attesa: il piacere si trasforma in dolore. La relazione affettiva con l'altro è insoddisfacente e necessita di un continuo apporto narcisistico, il cibo riveste la funzione di riempimento e soprattutto di contenimento delle angosce.
Dalla clinica psicosomatica si rileva come nel lattante stati di tensione elevati, procurati dalla fame, possono portare allo strutturarsi di autentiche disorganizzazioni gravi del funzionamento psichico, in quanto il bambino vive un momento della sua esistenza in cui tutto è da lui sperimentato secondo termini di oralità, senza poi tralasciare il contributo deformante fornito dall'eccitazione derivata dall'esterno a cui è sottoposto. Se il sistema di protezione da essa non è all'altezza di preservarlo, si troverà a vivere in uno stato di continua eccitazione senza mai sperimentare il piacere della soddisfazione che coincide con il calo di tensione provocato dai bisogni biologici. Inoltre, va ricordato che dall'oralità primitiva scaturiscono le linee incisive che condurranno allo sviluppo della personalità futura. La sensazione di fame mai adeguatamente appagata e le frustrazioni che ne conseguono, di cui l'ambiente ne è la fonte d'origine, possono procurare un'intensa ferita narcisistica che crea un'intensa tensione, dovuta alla totale dipendenza dagli altri, come è per il lattante. Si sperimenta un vissuto di abbandono e perciò rifiuto affettivo: se nes-

suno si occupa di me, del mio bisogno di cibo, nessuno si interessa a me. Si modella in questo modo uno schema relazionale che deciderà delle relazioni future, interpersonali, sempre vissute sulla base dell'autosvalutazione. Molti autori pongono a questo livello le radici lontane della stima, perché un bambino amato si percepisce come oggetto d'amore, capace di suscitare interesse. Per meglio comprendere le dinamiche profonde che si celano dietro l'obesità, è utile tener presente le osservazioni fatte da A. Freud, secondo cui la *funzione elementare partecipa* alla rappresentazione simbolica delle pulsioni che entrano in conflitto con l'Io del soggetto: tali conflitti hanno le loro radici sia nella pulsione orale, sia nei derivati delle pulsioni anali e genitali. L'abitudine al mangiare in quantità esagerate, nel bambino di questa età, è data dai genitori. Ma sono soprattutto le madri a nutrirlo continuamente, per le loro ansie incontenibili. Ci sono famiglie in cui il cibo è consumato non solo in abbondanza, ma in modo assai disordinato, e i bambini crescendo continuano a ricorrere al cibo in ogni momento della giornata. Comunque i motivi che conducono una madre a «super nutrire» il figlio, possono essere di natura individuale familiare, sociale e culturale (H. Bruch, *op.cit.*). Senz'altro molto gravi sono le situazioni in cui il cibo assume la funzione di sostituire l'affetto da parte della madre, incapace di darne per le sue problematiche personali. Queste madri non consentono ai loro bambini un passaggio importante che influenzerà decisamente il loro sviluppo psichico, quello del desiderio, di sperimentare la soddisfazione del bisogno. Infatti nei bambini e negli adolescenti obesi spesso si trova scarsità di immaginazione, di interessi, fino a sfiorare a volte l'apatia. In queste situazioni un'altra difficoltà che tali soggetti incontrano riguarda spesso l'apprendimento scolastico, perché l'inibizione in realtà riporta allo sviluppo del processo di sviluppo del pensiero. Le difficoltà a simbolizzare hanno radici antiche, come abbiamo già visto, con i dati biologici interagiscono quelli affettivi: ansia e angosce vietano di pensare e bloccano la capacità di apprendere.

Parte seconda

Adolescenza e psicopatologia delle condotte alimentari

Capitolo terzo

Adolescenza età di crisi

a) Crisi normale

La fine dell'infanzia è spesso accompagnata da timori, da sofferenza e dal cambiamento, rimodellamento, secondo alcuni autori, ai quali il soggetto va incontro e che costituisce una prova, come vedremo, per lo sviluppo psichico raggiunto. L'attributo «normale» è volutamente scelto per indicare sì una crisi ma una crisi che il soggetto riesce a integrare nel suo psichismo, per cui il termine *crisi adolescenziale* è in realtà riduttivo rispetto all'entità del fenomeno a cui l'individuo va incontro e comunque sempre deve essere considerata.
Per meglio comprendere cosa succede a quest'età ci sarà utile considerare le linee di sviluppo, cioè la crisi dell'adolescenza nella sua «normalità» e «patologia» e le varie manifestazioni psicopatologiche che possono accompagnare quest'ultima, fino a raggiungere forme gravi di devianza come psicopatie e delinquenza, psicosi. In quest'ambito ci occuperemo prettamente dei disturbi alimentari.
L'adolescenza è un periodo dello sviluppo evolutivo dell'individuo caratterizzato dalla rimessa in discussione delle identificazioni; le trasformazioni fisiche della pubertà causano un autentico sconvolgimento riguardo all'equilibrio del desiderio. Il processo per la conquista dell'identità comporta un turbamento profondo, di conseguenza assistiamo all'emergere di nuove interazioni affettive da parte del soggetto, che a loro volta conducono a modificazioni del suo immaginario, il tutto alimentato dagli incisivi cambiamenti fisici prodotti dallo sviluppo sessuale.
I cambiamenti degli organi sessuali e del corpo che portano l'individuo rapidamente ad assumere la figura di uomo o donna, la comparsa dei peli, dell'eiaculazione, delle mestruazioni, traducono a livello esterno il lungo processo interno di maturazione fisiologica che all'esterno si dichiara con incisività inarginabile. Voluto o rifiutato questo cam-

biamento si impone, e soprattutto dichiara l'insorgenza di emozioni sconosciute, molte delle quali spaventano: sentimenti, desideri nuovi e, spesso, contraddittori, si impongono nella mente del soggetto e negli scambi relazionali con gli altri egli incontra la prova del proprio cambiamento. Abbiamo scelto il termine *crisi* perché nell'adolescenza ritroviamo chiari segni del timore che il soggetto si trova a sperimentare a causa del corpo che si trasforma, perché il cambiamento del corpo, da infantile a adulto, e la sua perdita che costituiva una sicurezza, sono fonte di paura, diventano costantemente un ostacolo allo strutturarsi del processo adolescenziale.
È il momento in cui emergono in modo massivo i conflitti dell'infanzia: sempre alle spalle di un'adolescenza molto travagliata si scopre un'infanzia altrettanto disagiata in quanto assistiamo a una rivivescenza delle pulsioni in modo violento. La pubertà risveglia con energia i desideri, le angosce, i conflitti del passato dietro cui si celano attrazioni incestuose per i propri genitori con il risveglio dell'Edipo, accanto a quelle eterosessuali, la genialità assume il ruolo di campo di scoperta di nuove emozioni affascinanti e spaventose, di forti attrazioni e rifiuti che il giovane adolescente si trova a vivere. Tra i conflitti inconsci assistiamo al riemergere del complesso di Edipo: la madre torna a essere la rivale dell'infanzia e il padre l'uomo che la ragazza tenta di sedurre. Se non svolge appieno la funzione paterna per cui arresta le pulsioni incestuose, l'equilibrio psichico della figlia ne risulta minacciato. Spesso la madre prova ostilità e gelosia per la figlia che si trasforma in donna, perché può sentirsi colpita dalla sua femminilità, ci riferiamo alle coppie conflittuali, e le relazioni tra i componenti della famiglia diventano molto conflittuali perché nei genitori si riattivano problematiche mai del tutto superate in un momento in cui la propria figlia è più fragile e ha bisogno del sostegno di entrambi i genitori. Le paure arcaiche dell'infanzia riemergono dopo un periodo relativamente tranquillo come è stato quello precedente, detto di latenza, andando a ingigantire i timori reali causati dall'età come l'emergere di nuovi ideali e farli accettare dai genitori e hanno altre aspettative, accanto alle difficoltà dello studio, l'inserimento nel gruppo sociale dei coetanei, a volte nel gruppo avviene la proiezione dei conflitti interiori. La sua richiesta d'aiuto avviene con i mezzi posseduti: comportamenti

aggressivi, difficoltà nello studio e con i coetanei, tutti richiami che nascondono difficoltà che non affrontate possono condurre allo sbandamento psicologico.

Nei «Tre saggi sulla teoria sessuale» Freud (1905, *op. cit.*) descrive l'adolescenza come il momento in cui avviene la genitalizzazione della libido, per cui tutte le passate esperienze sessuali dell'infanzia passano sotto il predominio genitale, per cui il giovane adolescente indirizza le fantasie sessuali sui coetanei del sesso opposto e in tal modo avviene la separazione dai propri genitori, mentre prima di questo periodo le fantasie dettate dai desideri edipici venivano rimosse dal bambino a causa dell'incesto, ma l'adolescente, dotato ormai di un apparato genitale adulto, neppure dal punto di vista inconscio può dirigere i suoi desideri verso il genitore dell'altro sesso.

Anche la dimensione genitale con l'acuirsi della differenza dei sessi che nel passato infantile era percepita come assenza o presenza del pene, a questa età viene sostituita dalla complementarità pene-vagina. Lo sviluppo sessuale caratterizza l'adolescenza non solo nel cambiamento fisico, ma anche nel cambiamento psichico: la necessità da parte del soggetto di integrare questo nuovo corpo con nuove esigenze nella sua unità psichica va ad influire sulla nuova immagine di sé che si viene edificando.

Rappresentazioni ed affetti infantili del passato in questo momento sono riattivati, vanno ad influenzare le rappresentazioni, le emozioni attuali, venendo così a realizzare una speciale commistione tra realtà interna ed esterna. Già Freud aveva evidenziato il fatto che l'adolescenza rappresenta, anche se in forma diversa, la ripetizione dei conflitti e delle fantasie dell'infanzia. Ipotesi condivisa da molti autori, altri invece considerano l'adolescenza come un momento del tutto nuovo dello sviluppo che l'individuo si trova a vivere. Questo *rimodellamento* della personalità risulta il momento determinante per la conquista della propria identità: il primato della zona genitale in senso fisico e psichico deve essere integrato all'immagine di sé, insieme ai cambiamenti anatomo-fisiologici emersi con la pubertà, in questo modo avviene la scelta sessuale. Il problema della masturbazione è emergente, sia nei risvolti regressivi che progressivi, nasce il bisogno di trovare nuovi oggetti d'amore sia interni che esterni. La vita immaginativa subisce, di conseguenza, profondi cambiamenti; dal punto di vista

sessuale nascono nuovi slanci: la masturbazione si pone da un lato come scoperta piacevole del proprio corpo che risponde alle stimolazioni e contemporaneamente assume il ruolo di *rifugio* per allentare le tensioni che scaturiscono dai rapporti interpersonali con gli adulti. La Mahler descrive ampiamente lo sviluppo, meglio sarebbe dire *la nascita,* verso il mondo degli adulti, che comporta l'uscita dalla famiglia, evento che non si può realizzare finché il soggetto non ha acquisito limiti ben definiti, cioè stabili riguardo alle rappresentazioni del Sé e dell'oggetto. Quest'ultimo fenomeno si verifica con la conclusione di quest'età, quando il soggetto riesce ad affrontare il conflitto autonomia-dipendenza. Potremmo descrivere tale processo come un lungo disimpegno con cui l'adolescente si distacca emotivamente dagli oggetti primari, cioè le figure parentali o i loro sostituti. Anna Freud affrontò l'adolescenza rivolgendo la sua attenzione allo sviluppo dell'Io. Uscendo dalla latenza, il soggetto abbandona le precedenti relazioni infantili e perde la sicurezza scaturita dalla totale dipendenza che lo legava ai genitori. Dipendenza però a volte mai affrontata, perché la storia infantile di ciascuno concorre con i suoi residui alla costituzione della struttura psichica, e nell'adolescenza essi rivestono un peso determinante per l'avvio della struttura definitiva che culmina nel riconoscimento della complementarità dei sessi che sancisce l'acquisizione dell'identità.
In questo momento il soggetto deve avviarsi per un nuovo cammino fatto di relazioni con il mondo degli adulti, con il gruppo di coetanei, che spesso possono scatenare in lui forti emozioni di rabbia, paura, vuoto perché può sentirsi rifiutato, isolato e tutto ciò contribuisce a ostacolare le sue identificazioni. Questo processo di nuove identificazioni lo porta di conseguenza a sperimentare anche un bagaglio di angosce depressive e a volte persecutorie che lo inducono, nell'intento di arginarle, a far uso di meccanismi di difesa arcaici, come vedremo in seguito, perché i conflitti interni in rapporto a quelli esterni si profilano in modo intenso. L'Io può deteriorarsi, oppure ricorrere a meccanismi di difesa per arginare l'angoscia, ciò avviene in rapporto al grado dello sviluppo evolutivo raggiunto fino a quel momento: se il funzionamento psichico è di impronta nevrotica ricorrerà all'uso di strumenti difensivi più sofisticati quali la rimozione, l'evitamento. Negli stati limiti, i mec-

canismi di difesa sono meno evoluti: scissione e identificazione proiettiva sono quelli più usati, nelle psicosi imperano diniego e proiezione. Anche lo spazio familiare risente di questi cambiamenti e deve essere in grado di riorganizzarsi per far fronte ai cambiamenti del figlio. Il superamento dell'infanzia è spesso doloroso e quando i genitori interiorizzati diventano immagini sacre è impossibile separarsi da loro.
In questo momento il ruolo giocato dall'ambiente è molto importante, oseremmo dire determinante: una famiglia in grado di adattarsi alle richieste del figlio adolescente e di rispettarle in giusta misura ne agevola la crescita, al contrario la sua rigidità, considerandolo ancora un bambino, rinforza le difficoltà che rendono ancor forte la lotta che il soggetto adolescente già vive di per sé nel tentativo di distaccarsi: con i suoi cambiamenti improvvisi mette a dura prova l'equilibrio familiare perché i legami subiscono una variazione che acuisce e modifica le distanze dai genitori. Del resto solo affrontando i conflitti si può conquistare la maturità, il distacco dai legami oggettuali spinge l'adolescente all'autonomia e il conflitto di autorità con i genitori, sino a quel momento punto di riferimento, è inevitabile. Però questa rottura può avvenire con manifestazioni di intensità differente: non c'è separazione emotiva senza sofferenza, ed è necessario che anche da parte dei genitori ci sia la disponibilità a realizzarla, perché l'evitamento del conflitto non conduce l'individuo alla sua risoluzione, ma a creare angosce e non la maturazione. Essere disponibili non significa abbattere le barriere generazionali, perché esse al fine del distacco e dell'identificazione, sono fondamentali, per cui l'adulto deve cercare sì il dialogo, ma che si sviluppi entro confini ben precisi, altrimenti l'adulto ne esce sminuito agli occhi dell'adolescente, a cui viene tolta la possibilità di fare le sue rivendicazioni, di consolidare il suo sì, perché se il conflitto con i genitori è privo di forza, è vuoto, non può essere elaborato. Va comunque tenuto presente che la maturazione sessuale di proprio conto, indipendentemente dallo sviluppo psicologico, spinge di per sé verso l'autonomia; spesso troviamo un corpo da adulto in bambino che deve imparare a gestire tutte le richieste: maturità fisiologica e psicologica devono *imparare* a coesistere fino a integrarsi. Le tendenze bisessuali dell'età precedente a quest'epoca trovano la loro forma definitiva, me-

diante nuovi e definitivi adattamenti da parte delle pulsioni e dell'Io. Molti autori considerano a questo proposito l'adolescenza come *il secondo processo di individuazione*. Il primo aspetto riguarda soprattutto l'aumento dell'investimento libidico sul proprio Sé, che dal punto di vista comportamentale si traduce con la manifestazione, da parte del soggetto, di una maggiore concentrazione su se stesso oltre l'insorgenza di fantasie di grandezza e di esibizionismo, accanto alla comparsa di forme regressive, come il desiderio infantile di essere ammirati e coccolati dai genitori, quindi di ricevere maggiori attenzioni da parte dell'ambiente. Il giovane adolescente è soggetto a mutamenti continui, ha poca fiducia negli adulti e spesso nega il suo bisogno comprensione o rifiuta apertamente il sostegno per cui agli adulti non resta che saper aspettare, «Tener duro» per usare le parole di Winnicott senza essere interventisti ma facendo sentire la propria disponibilità; gli adulti, i genitori dovrebbero reggere la sfida, la provocazione aperta che a volte lanciano e rispondere sempre con autentica disponibilità. Anche se la famiglia rimane il punto di riferimento, il giovane avverte una profonda spinta emotiva che indirizza tutte le sue energie verso nuove identificazioni che lo aiuteranno ad affrontare la difficile lotta per staccarsi dalle posizioni infantili in cui i genitori erano l'unico punto di riferimento.

I desideri libidici che prima erano diretti in prevalenza su di loro perché oggetti d'amore, saranno sostituiti da espressioni di affetto e tenerezza nei loro confronti: è il momento in cui emergono i sentimenti.

La crisi narcisistica e di identificazione si manifesta *con dubbi che riguardano il proprio corpo*, il sé, la sessualità, le amicizie, il rapporto con gli adulti, e i genitori sono continuamente chiamati in causa con passaggi che vanno dalle critiche alle dichiarazioni affettive, tutto si realizza come un nuovo *stadio allo specchio* per usare le parole di Male. Naturalmente l'equilibrio preesistente gioca un peso determinante nel senso che, per poter uscire dall'instabilità dei ruoli, atteggiamenti e stati mentali differenti, variabilità che l'adolescente sperimenta nel corso di breve tempo, deve poter avere la capacità di far fronte ai conflitti generati con l'esterno, utilizzando la realtà interna, costituita da *oggetti stabili* che assumono per lui il ruolo di riferimento. Ma non c'è maturità e quindi autonomia senza pas-

sare per i conflitti che portano tensione, ansia e depressione. Il ragazzo via via che matura sessualmente mette in atto sfide e opposizioni che si concretizzano nei conflitti generazionali a causa del distacco emotivo che spinge l'adolescente verso l'esterno, alla scoperta del nuovo.
Cambia così il rapporto fra le istanze che compongono la sua struttura psichica, soprattutto l'Io, che acquistando maggiore autonomia tende a limitare il potere del Super-Io, e a modificare il funzionamento della personalità. Assistiamo alla continua oscillazione di differenti modalità relazionali con un continuo passaggio da manifestazioni che giocano il ruolo di aggressività e di passività, che scaturiscono dal presente, ma che si riallacciano a momenti del passato evolutivo, tutto ciò conduce l'adolescente a non poter investire la realtà esterna, cioè investire certi oggetti, in questo modo non ha la possibilità di staccarsi dalle figure genitoriali e risolvere la sua identità di individuo, perché non ha acquistato la capacità di potersi differenziare. Ma il peso dell'infanzia irrisolta e l'influenza dell'ambiente rischiano di sommergere il mondo interno dell'adolescente, di indirizzarlo verso l'immagine speculare che, di riflesso, il mondo esterno gli rimanda, a cui molte volte si adegua subendo le categorie che gli adulti coniano per lui, con il rischio di restare intrappolato in esse: quante volte sentiamo parlare di lui in termini distruttivi come furfante, delinquente e ladro.
Proprio per queste caratteristiche *l'adolescenza normale* si pone in un certo qual modo come uno *stato limite*, potremmo dire al confine tra il divenire un individuo adulto, autonomo, e il restare un bambino dipendente che da adulto conserverà inevitabilmente le caratteristiche di una personalità infantile, immatura e dipendente, caratteristiche che con differente livello di intensità puntualizzano la vasta gamma degli stati limiti, come vedremo tra poco. Nonostante l'adolescenza rappresenti il momento significativo e conclusivo dello sviluppo sessuale, e quindi della conquista dell'identità, è il momento evolutivo in cui appare l'insorgenza di strutturazioni psicopatologiche che accompagneranno il futuro dell'individuo. Frequentemente dell'adolescente si riscontrano sentimenti depressivi dovuti ai frequenti cambiamenti d'umore. I cambiamenti a cui l'adolescente è soggetto per via delle mutazioni profonde sul versante del desiderio lo portano ad ampliare il suo oriz-

zonte, artefice ne è l'autonomia a cui si sente spinto dalle nuove dimensioni alimentate dall'esplosione del desiderio accanto allo sganciamento che sente nei riguardi del proprio ambiente, e che lo portano a dover affrontare un lavoro profondo su di sé che può essere confrontato col lavoro del lutto, cioè un ritiro dagli investimenti precedenti, e se non ha i mezzi per poterlo affrontare cominciano a manifestarsi veri comportamenti inadeguati. Spesso troviamo un corpo da adulto in un bambino che deve imparare a gestire tutte le richieste. E mai come a questa età, una ragazza che sta diventando donna ha bisogno del sostegno della propria madre e del riconoscimento del padre. La stessa cosa vale per il ragazzo. Perché se la ragazza cerca di «liberarsi» della propria madre, accantonandola, in realtà non si emancipa da lei perché resta dipendente nei suoi riguardi. Del resto se la madre è respingente nei confronti della figlia possono attivarsi angosce abbandoniche, in quanto la madre, per tutti, è sempre il primo oggetto d'amore. Ma la crescita dei figli, può riattivare nei genitori «strani timori». La figlia che si trasforma in donna può far sentire la madre che invecchia minacciata dalla nuova femminilità che avanza. Sono le dolorose situazioni in cui la figlia assume connotati da rivale, per cui non tollera i sentimenti di tenerezza tra padre e figlia e ciò rafforza i nodi conflittuali che possono esserci all'interno della coppia. In questi casi la madre viene vissuta come pericolosa, una nemica e la relazione assume caratteristiche di intensa aggressività.

b) Crisi patologica

La crisi dell'adolescente diventa patologica quando l'estensione e la sua profondità invadono l'intera sfera del soggetto, come accade nelle situazioni gravi, e impediscono a molte aree del suo comportamento di dispiegarsi. Ci troviamo allora di fronte a una spaccatura del processo di crescita che mette a nudo le difficoltà evolutive.
I disagi incontrati dall'adolescente normale sono causati dallo sviluppo sessuale e nonostante gli ostacoli, inaspettatamente, riesce a superarli e si trasforma in adulto. Mentre l'adolescente disturbato vive momenti di intenso turbamento che *agisce* per evitare l'angoscia del «pensare». Si tra-

duce in comportamenti spesso inaccettabili socialmente: dalle fughe agli atti violenti di puro vandalismo, all'uso di alcool, droghe, spesso diventa artefice di furti, se non curato si avvia verso un'evoluzione psichica che da adulto lo condurrà a essere un criminale, un alcolizzato o uno psicopatico. Altre volte aggredisce direttamente il proprio corpo, deformandolo, con automutilazione, anoressia, bulimia o obesità.

La crisi assume caratteristiche differenti in rapporto al grado di organizzazione psichica raggiunto, attenerci ai confini tra normale e patologico risulta decisamente insufficiente a spiegare i fenomeni che ci apprestiamo ad affrontare: ogni situazione presenta un carattere individuale che la rende irripetibile nella sua specifica esperienza. È evidente che di fronte a una crisi di tale entità dobbiamo far riferimento all'organizzazione psichica precedente e quali sono state le risposte alle sollecitazioni dell'ambiente, come interferiscono al realizzarsi di questo *secondo processo di individuazione* (Blos) che l'individuo si trova a sperimentare.Il rimodellamento della personalità è inoltre influenzato dall'atmosfera familiare che in quel momento caratterizza la sua vita.

Il procedimento psico-diagnostico che affronteremo nella seconda parte ci condurrà a valutare l'organizzazione psichica dapprima da un punto di vista generale poi in modo più approfondito rispetto alla sindrome che il soggetto manifesta. I terapeuti vengono contattati dalla famiglia che già con la sua richiesta di consultazione dà una valutazione del grado di difficoltà di questa età: difficoltà scolastiche e di inserimento sociale, anoressia, depressione, tossicomania, alcolismo, tentativi di suicidio sono i sintomi più frequenti. Sono tutte manifestazioni che costituiscono elementi indicativi di una crisi patologica, naturalmente però va distinto il grado di gravità: fumare spinelli è una cosa, iniettarsi eroina è un'altra.

Se la crisi parte dal momento evolutivo, cioè come distacco dalle precedenti identificazioni, essa prelude alla crescita, altrimenti si trasforma in un momento di involuzione per cui l'identità del soggetto viene messa a repentaglio e assistiamo allo strutturarsi di quel processo che culmina secondo gli autori in una diffusione dell'identità. L'adolescenza si pone come il periodo in cui possono manifestarsi numerose forme di patologia, l'ultimo periodo in cui la

personalità può subire un cambiamento di struttura per poi avviarsi verso quella definitiva, secondo Bergeret: «Potremmo assistere che... l'asse evolutivo dell'Io lascia la categoria psicotica non del tutto fissata ed evolve progressivamente nel quadro di una personalità neurotica». Nella realtà clinica i casi di questo tipo sono molto rari, chi si interessa a soggetti adolescenti incontra frequentemente il contrario, cioè il precipitare verso i disagi più gravi della personalità. Il cambiamento positivo, cioè verso strutture più evolutive (Bergeret), potrebbe essere facilitato nei soggetti adolescenti che hanno usufruito di un buon trattamento psicoterapeutico, al di là del fatto che una profonda psicoterapia deve poter analizzare le difese del transfert. Va anche considerato il fatto che possano verificarsi situazioni positive che danno all'adolescente la possibilità di vivere in modo profondo esperienze tipiche in grado di riparare l'antica ferita narcisistica, cioè recuperare i fantasmi triangolari. Purtroppo nella realtà le situazioni evolvono in tutt'altra direzione e l'adolescenza registra un congruo numero di soggetti che si avviano a un'organizzazione patologica definitiva della personalità adulta.
Nell'adolescenza come negli stati limiti, ritroviamo alcuni punti che possono avvicinarla agli stati limiti. Gli stati limiti sono innanzitutto una malattia del narcisismo, in cui il soggetto lotta costantemente per non scivolare verso uno stato depressivo, a causa di relazioni oggettuali di impronta analitica, perciò la caratteristica peculiare è la dipendenza dall'altro, il bisogno di controllare l'oggetto. La lotta incessante contro l'angoscia depressiva scaturisce dai vissuti di perdita affettiva sperimentati nelle prime relazioni oggettuali, per questo le relazioni interpersonali sono basate sul possesso dell'altro, utilizzato per raggiungere la soddisfazione dei propri bisogni e su cui appoggiarsi (anaclitismo). La relazione d'oggetto è quindi pregenitale, vale a dire permeata di un'aggressività in cui spicca il bisogno narcisistico di appoggiarsi all'altro (oggetto) che, utilizzando la definizione di Bouvet, assume il ruolo di *Io ausiliario*.
Nell'adolescenza come negli stati limiti, evidenziamo una fragilità dell'io e l'incertezza della propria identità, l'incertezza normale costituisce un momento di passaggio evolutivo, potremmo dire obbligato, che sfocerà in seguito nella capacità di integrazione, qualità tipica dell'adulto. Negli stati limiti rimarrà, purtroppo, una caratteristica fondamen-

tale per il resto dell'esistenza in quanto la scissione dell'oggetto, o buono o cattivo, è una delle prime esperienze sperimentate dall'individuo e che impegneranno le sue relazioni future, la realtà oggettuale sarà percepita o tutta al positivo o tutta al negativo, mai nei suoi differenti aspetti. In questo caso non parleremo di crisi di identità, ma piuttosto di diffusione d'identità: è un vero difetto d'integrazione, il soggetto manifesta un cronico senso di vuoto, anche il suo comportamento appare contradditorio e giunge a una percezione degli altri molto superficiale, per cui tutto ciò va a danneggiare la qualità dei rapporti interpersonali. Si nota immediatamente come le sue relazioni con genitori e coetanei, che per lui dovrebbero essere importanti, siano in realtà mancanti della sensibilità che dovrebbe qualificarle. Inoltre,il fatto di non avere comprensione e tolleranza per i bisogni altrui conduce tali soggetti a non sopportare frustrazioni e conflitti, in tali situazioni non riescono a preservare il rapporto con l'altro e lo interrompono, così pure nel caso in cui è l'altro a fare richieste. Sul piano comportamentale ne abbiamo la prova da quegli adolescenti incapaci di strutturare autentiche amicizie, ma che invece saltano dall'uno all'altro litigando continuamente, perciò i loro rapporti interpersonali risultano caotici e superficiali. Tutto questo si verifica a causa della non buona capacità di integrazione che da un lato riguarda *non solo il grado di profondità momento per momento, ma anche la continuità temporale del concetto che il paziente ha di sé e degli altri*, della fragilità del narcisismo.
Lo sviluppo sessuale in adolescenza riattiva l'Edipo e soprattutto il rapporto pulsionale con il proprio corpo, nel rapporto con se stesso e con gli altri; tali relazioni comportano difficoltà che colpiscono tutti gli adolescenti ma che hanno durata e intensità limitata e non compromettono mai il rapporto del soggetto con la realtà. Accanto ai conflitti attuali dovuti alle nuove identificazioni, riemergono quelli del passato, dovuti sia all'Edipo quindi alla genitalità, sia quelli pregenitali, per questo lo sviluppo evolutivo raggiunto gioca un ruolo determinante. «Per la prima volta nella vita» scrive Laufer, «l'individuo sente il suo corpo come fonte o serbatoio di amore o di odio. Esso contiene gli oggetti che amo o odia, protegge o perseguita, quali s'incontrano nella clinica degli adolescenti e dei giovani adulti, sotto forma di odio di sé, del bisogno di distruggere il

corpo sessuato, di cambiare il corpo o l'immagine del corpo dopo la pubertà, o del sentimento che i persecutori siano, alla fine, situati nel proprio corpo che ora contiene gli attaccanti e gli accusatori edipici».

Il corpo diventa dunque punto di riferimento non solo per i conflitti intrapsichici ma anche quale rapporto con la realtà. Infatti, corpo e realtà sono strettamente uniti e quando la conflittualità, che affligge il soggetto diventa insostenibile, il rifiuto del corpo porta al rifiuto della realtà. L'immagine che il soggetto adolescente ha del suo corpo può essere diversa da quella che scopre di avere nell'adolescenza in cui lo sviluppo sessuale evidenzia i caratteri di uomo e donna, perciò per conservare la vecchia immagine ricorre a una frattura con la realtà (Laufer, *op. cit.*) quindi i tentativi di suicidio, le automutilazioni, le aggressioni violente al corpo possono risultare in un breakdown evolutivo, con cui cerca di conservare il corpo fantasticato del passato, privo cioè dei caratteri sessuali, maschili o femminili, ben chiari. Quando l'adolescente non riesce a integrare l'immagine del suo corpo sessuato nel suo psichismo, si avvia a sviluppare una forma di psicopatologia. Molti sono gli autori, a partire da Freud, che hanno evidenziato lo stretto rapporto con il proprio corpo e lo sviluppo dell'apparato psichico, così pure la stretta dipendenza tra immagine corporea e sviluppo delle funzioni dell'Io, soprattutto per quanto riguarda la percezione della realtà.

L'adolescenza è l'ultimo momento in cui l'Edipo può essere liquidato naturalmente e allora il soggetto assumerà il ruolo di individuo adulto, se invece questo non avviene assistiamo a una regressione che lo avvia verso un'organizzazione psicopatologica nelle differenti forme di gravità. La forza dei conflitti dipende dallo squilibrio tra investimento narcisistico e oggettuale e l'insorgenza di sintomi nevrotici o deliranti, rilevano il funzionamento psichico sottostante, così come l'incapacità di distaccarsi da un'attività infantile e trasformarla in un nuovo interesse, tale capacità di *giocare* e di trasformare quelle del passato è rivelatrice delle capacità adattive e quindi di solidità di struttura, altrimenti si scivola verso forme di psicopatologia, fino al delirio. Molto spesso si resta perplessi dinanzi al disordine grave in cui si dibattono alcuni adolescenti, perché considerando l'adattamento scolastico e familiare presentate dal soggetto in precedenza mai si poteva supporre una tale evoluzione. Però un'analisi più approfondita del passato evolutivo ci consente di rilevare i prezzi che certi bambini hanno pagato a vantaggio di un adattamento buono su cui l'esterno non ha riflettuto più di tanto: bambini santini che diventano in adolescenza depressi gravi, bambini considerati disordinati, caotici, in realtà rivelano un gradiente di aggressività che a quest'età esplode in patologie più gravi. Il trasferimento dell'investimento da oggetti fantasmatici a nuovi oggetti esterni è il processo fondamentale di quest'età, mutazione che coinvolge in realtà tutte le energie del soggetto, sia nel campo degli oggetti che della creatività. Questo cambiamento può essere reso difficile o addirittura impossibile e nell'individuo, all'interno, si scatena la lotta per non soccombere alla depressione, per cui il sistema difensivo è chiamato in causa, nel tentativo di proteggere l'Io edifica sintomi di protezione, aree più o meno vaste di inibizione. Nelle situazioni più gravi, in cui deve mirare alla protezione dell'Ideale dell'Io, giunge a strutturare il delirio.

c) Rapporto con il corpo

L'adolescenza, con lo sviluppo sessuale che la caratterizza, segna un profondo cambiamento fisico nell'individuo, cambiamento che trasforma il bambino/a in uomo o donna. Tutto ciò richiede un elaborato lavoro di integrazione nell'unità psichica perché si giunga a un equilibrio psichico soddisfacente. Tale elaborazione si basa sui *mezzi psichici* posseduti dal soggetto, ecco che l'evoluzione psichica precedente, il grado raggiunto, incide decisamente sull'organizzazione definitiva della personalità. Un'adolescenza turbolenta copre un'infanzia altrettanto difficile, in quanto, come abbiamo accennato, il processo delle identificazioni, che in questo momento culmina nella conquista dell'identità, rimette in gioco tutto il passato emotivo dell'individuo, per cui i conflitti si amplificano a causa delle pulsioni inconsce che si riattivano, creando l'angoscia perché la confluenza tra realtà e fantasma è continua. Già Freud aveva evidenziato che l'adolescenza rappresenta, anche se in forma diversa, la ripetizione dei conflitti e delle fantasie dell'infanzia.

Tenendo presente questi aspetti possiamo riflettere su un aspetto particolare: i disturbi alimentari si verificano soprattutto nella prima infanzia come nell'adolescenza. Un'adolescenza dove avviene un aumento patologico del narcisismo che rispecchia una maggiore concentrazione su se stessi: oltre al manifestarsi di fantasie di grandezza e anche di esibizionismo, si manifestano forme regressive come il desiderio infantile di essere ammirati, amati dai propri genitori, di ottenere attenzioni e valutazioni maggiori da parte del loro ambiente. Altro aspetto patologico del narcisismo adolescenziale è quello che rispecchia l'identificazione patologica del Sé con oggetti infantili, e la ricerca continua di oggetti che rappresentano il Sé infantile. L'aspetto più grave riguarda quegli adolescenti che si dirigono verso oggetti su cui si verifica la proiezione di un Sé grandioso, patologico (Keruberg). I contenuti degli stadi precedenti dello sviluppo riemergono e vengono riattivati nel comportamento, a ciò è dovuto il riaffiorare di fantasie e conflitti della prima infanzia. Questo rimodellamento (Jacobson) della propria personalità risulta il momento determinante per la conquista della propria identità: il primato della zona genitale, in senso fisico e psichico, deve essere integrato nell'immagine del Sé, accanto ai cambiamenti anatomo-fisiologici, così avviene la scelta sessuale. Il funzionamento psichico del soggetto subisce una trasformazione radicale come assestamento definitivo dell'organizzazione di personalità o di struttura, secondo gli autori. È il momento in cui l'Edipo può essere liquidato (Bergeret) o possono scoppiare vere patologie che andranno a costellare la vita futura dell'individuo, perché a quest'età già molte carte sono state giocate riguardo alla struttura di personalità (Baldassarre).

Nella prima infanzia abbiamo delineato come accanto a bisogni e capacità fisiologiche del bambino, concorra l'atteggiamento affettivo della madre e del padre a investire di affettività la *funzione* biologica, il nutrimento. Tale funzione si trasforma in un piacere condiviso, grazie all'apporto narcisistico dei genitori che aiuta il bambino a sviluppare il suo narcisismo. Quando invece non vengono rispettati i bisogni istintivi del bambino, assistiamo al manifestarsi di un disturbo più vasto che riguarda l'istinto materno e si riflette sul narcisismo del bambino. Ci riferiamo alle relazioni madre-padre-bambino in cui prevalgono nei genitori componenti del carattere di marca infantile, le cui personalità risultano emotivamente immature, concentrate soprattutto su se stesse, per cui il bambino assume il ruolo di *appendice* a fornire loro sicurezza, e non di individuo distaccato, con i propri bisogni da comprendere e rispettare. I rapporti familiari sono ingarbugliati nei ruoli, per cui risulta compromessa la funzione di ciascuno, e confusi sono i comportamenti e le aspettative. Sono coppie in realtà che non trasmettono una complementarità dei desideri e dei bisogni profondi al proprio bambino, perché i coniugi sono incapaci di viversi come separati ed in fondo costruire una vera copia. Nel rapporto con il bambino è mancata la capacità di rispondere alle sue richieste e il tipo di legame, nei casi più gravi, non è stato capace di essere giustamente fusionale, ma riteniamo *adesivo*. La pratica clinica ci ha posto spesso di fronte a relazioni madre-bambino in cui la madre rispondeva al bambino secondo i suoi propri bisogni per cui il comportamento verso il bambino serviva a sostenere se stessa. Molto spesso i terapeuti si rendono conto che le difficoltà alimentari si sono manifestate anche nelle generazioni precedenti: bambino-madre-nonna materna, per cui i conflitti materni, dei genitori, mai del tutto superati, durante la crescita del bambino possono verificarsi con una somiglianza a volte davvero impressionante. I disturbi alimentari che si verificano in adolescenza trovano origine nei disagi infantili subiti. H. Bruch ha evidenziato come nella patologia alimentare del bambino, dell'adolescente e dell'individuo adulto concorra l'inadeguatezza materna a comprendere i bisogni momentanei del bambino: si va da una madre ingozzante e soffocante, a una madre totalmente assente.

In tal modo si formano l'iperfagia, l'obesità e l'inappetenza, cioè l'anoressia. Spesso ci troviamo di fronte a un funzionamento psichico materno veramente di buon livello. Da tutto ciò possono scaturire una moltitudine di disturbi che vanno dal succhiare le dita, al mordere oggetti, all'onicofagia, alla pica, che consiste nel portare alla bocca qualsiasi oggetto e inghiottirlo, alla coprofagia, cioè manipolare e mangiare le proprie feci, oppure alla ruminazione o mericismo. L'adolescente che maggiormente mette in atto una strategia perversa, che varia come vedremo da un disturbo all'altro, e da un individuo all'altro è stato in realtà un bambino che ha incontrato difficoltà nell'instaurare già le prime relazioni oggettuali, a causa dell'inadeguatezza nelle risposte alle sue richieste, e ciò ha procurato difficoltà nel-

l'instaurare il legame. Le abitudini irrefrenabili di certe giovani donne a prendere lassativi, a vomitare, a ricorrere a diete disumane, o peggio ancora a sottoporsi a continui interventi chirurgici estetici, è qualcosa che va ben oltre le stimolazioni di questa nostra società consumistica e dell'apparenza, esaltante degli attributi femminili, di bambola. Sono tentativi scaturiti da bisogni profondi, come vedremo in seguito, per modificare la propria immagine corporea, che tocca quella profonda che ciascuno ha di se stesso. L'essere in grado di esercitare il potere sul proprio corpo risulta per queste pazienti un bisogno, ma anche un intenso piacere, un riscatto dal passato in cui le loro necessità erano negate ed era sempre qualcun altro a scegliere per loro. Per questo il corpo diventa strumento e campo di manifestazione della propria autodistruttività, manipolandolo. Nell'adolescenza la conquista dell'identità rimette in discussione la vita fantasmatica. Per cui se il soggetto ha vissuto esperienze di abbandoni, separazioni, deprivazioni, queste si ripresentano in tutto il loro peso di carenza e, per arginare o negare l'angoscia profonda che ne scaturisce, le tensioni dei conflitti mai affrontati vengono dirette sul corpo, tentando così di negare il cambiamento, di annullare ogni movenza che possa coinvolgere l'identità di genere, come avviene nell'anoressia o nell'obesità, in cui inconsciamente le pazienti lottano per annullare ogni segno fisico che denoti la femminilità e dall'altro aspirano a raggiungere un ideale di bellezza basato sulla perfezione che blocca ogni emozione, nelle anoressiche, mentre le obese coprono il loro corpo, mantenendolo informe. La difficoltà di queste adolescenti è quella di effettuare il «passaggio» dai genitori idealizzati nell'infanzia ai genitori attuali, questo vorrebbe dire effettuare un ridimensionamento delle immago introiettate. Riconoscerli come persone comporta vivere ed elaborare *il lutto* originato dall'emancipazione e dai legami infantili, in cui essi costituivano l'unico punto di riferimento e di perfezione.
Nell'instaurarsi della patologia del legame i genitori concorrono con il loro comportamento esterno e con i bisogni profondi a loro stessi sconosciuti, tutto ciò vieta ai loro bambini di poter sostenere la separazione, perché i loro comportamenti, per quanto iper-protettivi, nascondono freddezza e distacco, per cui il bambino sviluppa un attaccamento molto conflittuale verso la madre possessiva e dominante

nell'atmosfera familiare, a danno della figura maschile assai fragile e svilita, incapace di dare protezione, perché non riesce ad esprimere il proprio ruolo: la fusione paterna.
Il corpo «contiene» gli equivalenti depressivi che si celano dietro i disturbi alimentari, perché l'adolescente ha la tendenza «ad agire il disagio» derivato dai conflitti, l'acting-out è un mezzo per arginare l'angoscia sottostante. I comportamenti disordinati toccano sfere differenti, ma quelli che si concretizzano in disturbi delle condotte alimentari, nell'uso di stupefacenti, di alcool, in tentativi di suicidi, fughe, o nei diversi livelli di depressione che può esplodere all'esterno in apatia, rifiuto per ogni attività, isolamento fino a giungere alla morosità (Male), cioè il rifiuto di investire il mondo esterno, trovano la loro origine riguardo l'investimento lipidico, nelle prime fasi dello sviluppo evolutivo. Il corpo, più di ogni altro mezzo espressivo, diventa il campo di azione attraverso cui comunicare il proprio vissuto e molto spesso si organizzano disturbi psicosomatici.

Molto spesso abbiamo incontrato adolescenti che si lamentavano del proprio corpo, ed era un modo con cui potevano esprimere una richiesta di maggiore attenzione, quindi un bisogno affettivo, un bisogno regressivo dietro il quale spesso si celava un vissuto depressivo. La preoccupazione per il proprio corpo, spesso autentica angoscia, espressa con timori che riguardano l'immagine del corpo grasso, esile, brutto, ciò nasconde la difficoltà ad integrare la sessualità e i caratteri fisici e psichici che essa comporta, perché, per rimodellare la nostra immagine, dobbiamo possedere un'elasticità che ci deriva dalla sicurezza. Sicurezza che va intesa come possesso di punti di riferimento. Però le tensioni che ne derivano coinvolgono i legami oggettuali, per cui il soggetto è spinto ad implicarsi soprattutto nella realtà esterna che risulta meno angosciante. Le tensioni vengono più «vissute» nel corpo perché lo sconvolgimento emotivo a cui è sottoposto è di tale entità da coinvolgere le istanze globali della sua personalità, e le operazioni difensive dirigono le tensioni sul corpo, che ne diventa il campo di esplicazione. Comunque il corpo viene così investito da quelle personalità che hanno sperimentato relazioni oggettuali caratterizzate da affettività inadeguata dal punto di vista della vera protezione. Infatti l'affettività che accompagna tali relazioni può rivelarsi o troppo intensa o carente.

Capitolo quarto

Differenti patologie alimentari

Quando assistiamo all'emergere di un dimagrimento dobbiamo riflettere sulle possibilità del verificarsi di un crollo depressivo, oppure all'esplosione di manifestazioni ancora più gravi che vanno a sconvolgere l'equilibrio fino a quel momento raggiunto. Questo non vuol dire che le restrizioni alimentari siano sempre segno di patologia, perché esse assumono un significato normale e buono per il soggetto quando lo scopo è quello di equilibrare il peso, da cui può scaturire una buona salute fisica e anche psichica. Mentre acquistano un significato strettamente patologico quando assumono un valore simbolico, immagine del corpo idealizzata, evanescente, perfettamente illusoria per cui è necessario ricercare l'origine di tali bisogni per comprendere il significato che essi rivestono nel contesto psicologico globale dell'individuo; solo così saremo in grado di comprendere i veri obiettivi inespressi che le sottendono.

ANORESSIA

Rientra in uno di quegli «attentati» alla libertà di espressione che si producono, come abbiamo visto in precedenza, già nella prima infanzia, e che trasforma la patologia del desiderio in quella del corpo. Ci troviamo di fronte a bambini piccoli, a volte già nel primo anno di vita, a esseri indifesi e del tutto dipendenti dalla famiglia per sopravvivere. I bambini aderiscono completamente alle richieste di chi si occupa di loro e si calano nei ruoli di genere proposti dai loro genitori, essi danno risposte aderenti alle loro richieste consce e inconsce per farsi accettare, interpretando appieno i loro desideri e arrivando così a negare o svalutare i propri bisogni: i bambini santini la dicono lunga sull'adolescenza travagliata che in seguito si trova-

no a vivere, esplodendo spesso in crisi gravi che mettono a repentaglio la loro identità. In tal modo viene intaccata la loro identità perché il processo evolutivo resta bloccato. In altre circostanze questi soggetti avrebbero potuto avere un'altra evoluzione psichica, se fosse stato loro permesso di vivere ed esprimere le proprie emozioni e arrivare così a identificarsi in modo naturale con i genitori. Per cui se la bambina che presenta disturbi alimentari fosse stata allevata in una famiglia con genitori dalle aspettative differenti, soprattutto materne, la sua storia emotiva sarebbe stata scritta in un altro modo. Molti genitori cercano di far crescere i propri figli secondo l'ottica che è poi una caricatura della femminilità o virilità da loro percepita, e manipolarli per raggiungere gli obiettivi da loro mai conseguiti. Però gli aspetti repressi del bambino continuano a voler emergere, in ogni modo cercano la strada per manifestarsi, poi nel terremoto che è l'adolescenza, qualche volta addirittura nella mezza età, i desideri rimasti vitali, sotto la copertura imposta, esplodono nel codice dei comportamenti perversi o più gravemente nella totale disorganizzazione della personalità, come avviene nel crollo psicotico, o in certi gravi squilibri psichici della terza età.
La storia clinica di molte pazienti adulte mostra che per anni si sono uniformate in tutto, pensieri e comportamenti, al volere delle loro famiglie pur di condividerne l'assenso, il piacere e la gioia; fin da bambine hanno iniziato a rinunciare a una parte di se stesse, diventando una loro estensione artificiosa, narcisistica, da cui dipendono totalmente, una volta divenute adulte conservano questo atteggiamento di falsa armonia. Queste adolescenti perfette, spesso di ottima famiglia, intelligenti, bravissime negli studi, raffinate nei modi, a volte si lasciano morire di fame sotto lo sguardo impotente dei genitori che vedono distrutta la loro opera perfetta, incapaci di rompere il legame patologico che le avvinghia, in quanto la proiezione materna narcisisticamente è troppo forte per potersene emancipare. Esplodono crisi profondissime che travolgono interi nuclei familiari. Non è assolutamente vero che sono inappetenti, e questo la pratica clinica lo ha evidenziato da tempo, più precisamente dietro la mancanza di appetito si scopre un digiuno auto imposto e compulsivo, un controllo ferreo dei propri comportamenti che nasconde quello altrettanto ferreo dei propri desideri. L'attenzione nell'anoressi-

ca è concentrata sul cibo: la sua elaborata preparazione, peso, quantità e qualità sono aspetti sottoposti al massimo controllo. Solo di recente, nonostante questo disturbo fu denominato da Laseque anoressia già dal 1873, si è cominciato a riflettere sul fatto che l'anoressia, soprattutto femminile, può racchiudere una strategia perversa precisa nel suo sviluppo, le cui dinamiche profonde investono il corpo e trovano nel suo «massacro» la realizzazione perfetta, la privazione di ogni stimolo incontrollabile.

Conoscendo meglio gli effetti del processo di separazione-individuazione, sullo sviluppo psichico, riflettendo sul legame madre-figlia, si cominciò a pensare che ciò fosse la chiave di volta per affrontare l'anoressia, perché le tracce delle sviluppo psichico distorto risalivano alle prime relazioni oggettuali. L'adolescenza impediva alla ragazza di affrontare e risolvere il conflitto di separazione dalla propria madre e iniziare l'ultima tappa per appropriarsi della propria identità, soprattutto fece riflettere i terapeuti sul rapporto di ambivalenza che legava madre e figlia in una relazione doppia di amore e odio. Ma l'anoressica anche se si manifesta come una piccola bambina, è in realtà una giovane donna che deve risolvere i suoi problemi genitali di identità di genere, integrare il nuovo schema corporeo nello psichismo, vivere le emozioni che il corpo sessuato propone, tutti cambiamenti che rischiano di far vacillare il suo fragile equilibrio di donna-bambina. Ella si presenta all'esterno come un essere asessuato, senza desideri e tentazioni, una piccola santa bambina, potremmo dire, che annulla ogni impulso sessuale, che «cancella la propria mestruazione», che diventa onnipotente potenziando con la magrezza scheletrica del suo corpo l'attenzione del suo ambiente familiare e sociale, manipolando gli stessi terapeuti che rischiano di finire nella trappola della sua fascinazione, che trascina tutto l'ambiente che la circonda.

In tal modo l'anoressica potenzia se stessa: diventa onnipotente nella sua preordinata distruttività. Spesso si è pensato a un modo forse per controbattere il «personaggio» materno che è quello di primo piano nella famiglia con la sua freddezza e la sua rigidità, e a volte anche ipocondriaca, esalta nelle sue contraddizioni i desideri dell'oralità per poi non soddisfarli. All'esterno queste madri danno l'idea di essere disponibili di dedicarsi al bene della propria figlia, e

all'inizio della terapia potremmo dire che l'*affidano* per poi *riprendersela* non appena avvertono i primi elementi che potrebbero far preludere un cambiamento e quindi una separazione. Tutto ciò perché il debole narcisismo non consente loro di reggere la separazione, e soprattutto incapaci di far fronte al lavoro del «lutto» a cui un genitore va incontro quando i figli vengono riconosciuti come individui. La manipolazione consiste nel tentativo di *ingaggiare una lotta* per annullare il terapeuta e tirarlo nella trappola perversa, non sopportando di *perdere* la propria figlia che rinforza e amplifica la propria immagine desiderata e mai realizzata, come un modello perfetto.
«È mia madre che mi compra le prugne» commenta Carla, «e poi le conta, lo fa da qualche settimana». La figura paterna offre un'immagine sfocata nella sua fragilità o troppo potente nella sua aggressività narcisistica, comunque in entrambi i casi è un padre-bambino, mai genitore capace di reggere l'investimento e quindi dare vera protezione, ma subisce la fascinazione della figlia con la quale cerca di mettere in atto un atteggiamento spesso seduttivo, però contemporaneamente è incapace di far fronte alla *forza* della moglie che si impone a tutti i livelli: nelle scelte, nelle decisioni familiari, per cui si potrebbe dire che spesso nella coppia dei genitori si svolge una dinamica sado-masochista. La vera differenziazione dalla madre non si è attuata, e la figlia rimane bloccata dalla simbiosi con il corpo materno, per cui nell'adolescenza la difficoltà di identificarsi esplode, e le conseguenze portano all'incapacità di elaborare l'Edipo, vero organizzatore della personalità perché la fragilità paterna non ha fornito gli elementi di un completo investimento libidico. La perversione del legame sta nel fatto che il doppio legame tra genitori e figlia chiude ogni via d'uscita alla bambina alla quale non resta altro che rifugiarsi nella regressione, perché gli stessi genitori non avendo elaborato a loro volta il vissuto materno lo riversano sulla figlia adolescente che inizia a chiudersi nella manipolazione che restringe sempre più il suo mondo, perché incapace di reggere il confronto con l'esterno e di far fronte allo stesso tempo ai cambiamenti fisici e psichici che sta vivendo.
Alle spalle dell'anoressia di molte pazienti da noi incontrate abbiamo scoperto spesso anche una storia di violenze sessuali, sulle quali la vittima attraverso la negazione

del suo corpo ha installato un rifiuto totale, che potremmo definire di non appartenenza, tanto è stato forte il controllo esercitato sulle emozioni provate. Ma in questi casi l'organizzazione della personalità di queste pazienti rivela aspetti differenti dalla vera personalità anoressica, in quanto il sintomo anoressico copre un funzionamento psichico di livello differente, perché riveste un ruolo difensivo. Nelle donne bulimiche, autolesioniste o dedite all'uso di alcool o stupefacenti, le emozioni per quanto negate conservano una certa fluidità, nel disturbo anoressico il controllo è totale, ossessivo, più di marca anale. Le ampie sfumature ossessive conducono queste pazienti a usare controlli minuziosi che vanno dai comportamenti pratici per controllare il poco cibo ingerito, alla conta delle calorie, a quelli relazionali, affettivi, come dicevamo in precedenza, in ciò prevale il potere dell'analità. Nell'adolescente che inizia a sperimentare *il linguaggio del corpo*, e nell'anoressia come nell'obesità psicogena, il corpo subisce una sua erotizzazione, soprattutto verso la superficie, a causa della libido oggettuale, come A. Freud (p. 272, *op. cit.*) mette in evidenza: «...sensazioni ipocondriache e sensazioni di cambiamenti corporei che sono ben noti clinicamente dagli stati iniziali della malattia psicotica». Questi fenomeni nell'adolescenza possono esistere senza però essere segno di psicosi. A quest'età non si tratta solo di problemi riguardanti il processo di identità che il soggetto si trova ad affrontare, ma, seguendo Freud, di un «accostamento alle strutture depressive» che il processo di identificazione in questo periodo mette in atto: struttura simbiotica e nevrosi narcisistica porterebbero alla sindrome anoressica. Il passaggio dall'anoressia alla bulimia, come abbiano accennato in precedenza, può essere considerato come l'alternanza della perdita e del ritrovamento dell'oggetto. Per la Klein è una struttura intermedia tra posizione depressiva e schizoparanoide.

Le persone che tenacemente si concentrano sulle forme e sul peso del corpo per bloccare le problematiche legate alla risoluzione del processo di identità si riscontrano sia nell'anoressia che nella bulimia. Ma la prima differenza corre sul fatto che nell'anoressia il problema si manifesta, riguardo all'età, precocemente. Frequentemente attorno alla pubertà assistiamo al comparire dei primi segni, per cui il soggetto è costretto a confrontarsi immediatamente con

le nuove forme adulte acquisite dal corpo e con la problematica del desiderio. Mentre nella bulimia la situazione esplode più tardi, quando il soggetto si trova a dover gestire le proprie relazioni interpersonali e l'esperienza di separazione dalla famiglia che sconvolge lo stato di dipendenza fino ad allora vissuto, e viene così a costituire un impedimento ai rapporti con gli altri, generando timore e angoscia. Altra differenza fondamentale riguarda lo sviluppo della dinamica impulsiva. Nell'anoressia prevalgono aspetti impulsivi di marca anale, quindi con caratteristiche ossessive. Nella bulimica si evidenziano aspetti più orali: l'ingozzarsi e subito il bisogno irrefrenabile di liberarsi del cibo ci conducono a riflettere sulle prime relazioni d'oggetto che queste pazienti hanno vissuto, il «gioco» del riempirsi e dello svuotarsi riporta ai primi stadi dello sviluppo quando il soggetto viene nutrito e accudito dalla propria madre, e come attraverso la funzione elementare si struttura la relazione.
Anche il disturbo dell'anoressia oltre alle cause fisiologiche rientra in un disturbo della sessualità, le cui angosce spingono l'individuo a «voler conservare» il proprio corpo in uno stato infantile.

a) Sviluppo del legame patologico

Freud si è confrontato presto con l'anoressia mentale, nel 1913 trattò un caso di guarigione ipnotica, il caso di una giovane donna. Nei primi lavori Freud mette a confronto Anoressia ed Isteria, per cui l'anoressia diventa un sintomo di conversione, ed evidenzia la rimozione da parte del soggetto, dell'erotismo orale. La zona erogena bucco-labiale comporta la rimozione dell'appetito. Da questo momento Freud evidenzia in modo sempre più evidente l'aspetto depressivo e nel gennaio del 1895 scrive nella minuta G... «La nevrosi alimentare parallela alla melanconia è l'anoressia. L'anoressia nervosa delle ragazze mi sembra essere una melanconia che si verifica ove la sessualità non è sviluppata». Abraham nei lavori del 1916, Freud nel 1917 e la Klein nei lavori sulla patogenesi delle depressioni melanconiche hanno portato un intenso contributo all'interpretazione simbolica e dell'immaginario della depressione e del suicidio. L'oggetto interiorizzato, la madre, può as-

sumere connotati differenti, cioè l'oggetto buono o cattivo. Il cibo per il valore simbolico che va a rivestire nella relazione madre-bambino, può rappresentare l'oggetto buono che consente così di interiorizzare la madre, però può assumere anche il ruolo di oggetto cattivo che quindi la distrugge, e di cui ci si deve liberare.
Il processo di interiorizzazione dell'oggetto avviene nel periodo delle prime relazioni oggettuali che costituiscono la trama su cui si svilupperanno le relazioni future. Il rapporto materno della futura anoressica è stato in realtà difficile, come evidenzia E. Kestenberg, in quanto il vero disturbo anoressico è molto vicino a un'organizzazione narcisistica, vicino a quello della psicosi (psicosi fredda). In tal senso, ripercorrendo lo sviluppo delle prime relazioni affettive, si evidenzia un rapporto basato su una madre incapace di sostenere libidicamente la propria figlia, perché a sua volta ha vissuto una madre emotivamente distante, fredda. In adolescenza il conflitto edipico con tutte le sue componenti emotive riaffiora e porta a una profonda regressione verso fissazioni preoggettuali, quando il soggetto ha sperimentato una relazione materna carente di apporto libidico, riemergono in tutta la loro ambivalenza le difficoltà incontrate dal bambino, nella prima infanzia, nell'incorporare l'oggetto, a causa del disturbo della personalità materna che riguarda l'istinto materno. È utile a questo punto riflettere sul narcisismo materno che è vulnerabile e ci richiama la rabbia narcisistica di Kout, ma anche la distruttività narcisistica di Rosenfeld. Queste madri sono presentate dagli autori come caratterizzate da difficoltà a vivere appieno il ruolo materno; tutto ciò rimanda alle vicissitudini dell'istinto materno. All'apparenza esse si pongono spesso forti e decise, come del resto i padri, hanno sperimentato a loro volta, da parte materna, frustrazioni precoci non idonee alle fasi del loro sviluppo e quindi non possedevano mezzi appropriati per contenerla. L'aggressività suscitata dal rifiuto delle loro richieste ha inciso sulla loro autoaffermazione, lasciando posto ad un'ostilità di fondo che si ripresenta nel legame con la propria figlia e che esplode tutte le volte che quest'ultima, bambina o adolescente, tenta di emanciparsi, di mettere in atto comportamenti idonei all'autoaffermazione, a tradire di conseguenza le aspettative materne.
La distruttività deriva dalla rabbia e dalla collera che que-

ste madri hanno vissuto e mai potuto elaborare, il fallimento continuo a cui sono state confrontate nel loro rapporto materno privo di empatia ha procurato loro ferite narcisistiche, per cui vivono ogni comportamento autonomo da parte della loro figlia come un rifiuto che causa loro reazioni incontrollabili e inappropriate di rabbia, perché essa non è percepita come un individuo autonomo capace di avere interessi, aspirazioni e iniziative. Tutto ciò è dovuto al fatto che non tollerano la separazione e quindi il distacco, perché mette a nudo l'insoddisfazione sperimentata nell'interiorizzazione dell'oggetto, hanno vissuto una vera scissione tra i differenti aspetti dell'oggetto a causa delle caratteristiche della relazione avuta con la propria madre. Nell'investigazione psicodinamica affiorano frequentemente i rapporti di disagio con il cibo, attraverso le differenti generazioni, e ciò rimanda ai legami oggettuali e poi relazionali che gli individui stabiliscono tra loro. L'eredità non è solo biologica, ma anche psichica, e tutto ciò che non è stato elaborato, che è rimasto «incistato» (Abraham-Torok) passa da una generazione a quella successiva, incapsulato e disturbante.
La personalità materna, l'istinto materno risentono delle vicende narcisistiche vissute e a loro volta incidono nel legame con la bambina che svilupperà comportamenti alimentari patologici, perché queste madri sono soprattutto carenti nel dare al proprio figlio una «continuità d'esistenza», per usare le parole di Winnicott, intesa come difficoltà, in questo caso, a rispondere in modo adeguato ai bisogni del bambino senza sottoporlo a forme di pressioni eccessive provocate dai propri bisogni. Pressioni a cui il bambino reagisce e tutto ciò va a influenzare il suo mondo personale, perché se l'ambiente si fa carico dei bisogni dell'altro, permette a madre e bambino di condividere e ne risulta «accresciuto» il narcisismo di entrambi, se invece ciò non si verifica il bambino sperimenta non solo incapacità a modificare la situazione, ma va compromessa la capacità di poter «inventare» un oggetto transizionale che al momento riempia l'attesa dell'arrivo dell'oggetto madre-seno. Quando il bambino vive una relazione di comprensione empatica con la propria madre, ne esce rafforzato nell'esperienza di coesione e unità che lo conduce all'autostima, e tutto ciò implica lo sviluppo dell'organizzazione narcisistica adeguata.

Gli adolescenti che sviluppano la condotta anoressica presentano un disturbo narcisistico e, tenendo presente il pensiero di Freud, posseggono molte caratteristiche che li avvicinano alle strutture depressive, nel senso che l'oggetto incorporato, come nella melanconia, non ha fornito a questi bambini stabilità tale da consentir loro la sperimentazione di un rapporto di fiducia: la fiducia di base che veicola la crescita psichica.
L'alternanza tra anoressia e bulimia che alcuni soggetti presentano potrebbe essere considerata come l'alternarsi della perdita e del ritrovamento dell'oggetto, viene in mente l'alternarsi di ipocondria e depressione.
Se prendiamo in considerazione il fatto che l'anoressia trova le sue origini nei primi stadi dello sviluppo quando si struttura la relazione oggettuale, questo ci permette di accostare bisogno e desiderio e di discutere il rapporto con la struttura perversa.

b) Corpo e investimento narcisistico

L'investimento narcisistico del proprio aspetto emaciato sarebbe dovuto al rifiuto della sessualità del desiderio per l'altro, è ciò che il soggetto avverte come intrusione, come espressione corporea. *La negazione delle forme femminili è dovuta al fatto che esse divengono oggetto capace di suscitare il desiderio dell'altro,* il soggetto avverte questo come intrusione e attenzione e ciò lo conduce alla perdita del controllo. Forse più che magre queste adolescenti bramano di essere *snelle,* l'aspirazione a una femminilità spiritualizzata che conduce al parossismo il potere della fascinazione, calcolato dalle forme fisiche, non è ancora ben incisivo nella prima adolescenza, anche se un'analisi accurata ne evidenzia i primi segni. Tutto ciò serve a bloccare la differenziazione sessuale, inconsciamente sembrano affermare una bisessualità virtuale, che calca l'ideale ermafrodita. *Potremmo accostare ciò ad alcune forme di obesità dei ragazzi nel periodo di latenza sul piano dell'interpretazione simbolica.*
L'anoressia esprime il rifiuto e il desiderio della fecondazione orale (Waller-Dautch), riattivazione del fantasma infantile dovuto alla regressione, la conseguenza della gravidanza e il rifiuto della sessualità genitale, la costipazione:

il bambino nel ventre. Perciò in tal modo, il disturbo anoressico acquista all'apparenza, un aspetto di disgusto per il cibo; già Ferenczi, nel 1919 ne aveva affrontato il contenuto latente.

BULIMIA

a) Caratteristiche generali

La maggior parte dei pazienti diagnosticati come bulimici sono di sesso femminile. Nella pratica clinica abbiamo incontrato adolescenti o donne adulte ossessionate dall'immagine del proprio corpo, spinte ad osservarsi continuamente a causa della percezione distorta che hanno di se stesse. Il peso ponderale, a differenza delle anoressiche, non è mai soggetto a discese vertiginose che possono mettere in pericolo la stessa sopravvivenza. Queste pazienti usano il corpo come un passaporto speciale, per essere accettate, senza un corpo ritenuto perfetto si ritengono prive di considerazione, di attenzione, ciò causa diverse difficoltà nello strutturare relazioni interpersonali.
L'iperalimentazione, le abbuffate, il vomito procurato per autostimolazione, l'uso a volte di lassativi e purghe, con il risultato di sottomettere mente e corpo al gioco diabolico di riempirsi e svuotarsi, sono gli attributi fondamentali di questo tipo di patologia alimentare, che a volte dura per anni.
Nel 1987 il DMS III la definì *bulimia nervosa*. I criteri adottati per diagnosticarla furono i seguenti:

- Episodi ricorrenti di orgia alimentare.
- Frequente ricorso a purghe e notevole restrizione alimentare tra un episodio e l'altro.
- Persistente ed esagerata preoccupazione per il peso e la forma del corpo.

Anche se l'età di comparsa della bulimia è quella della scuola superiore (17-18 anni), quindi adolescenza inoltrata, le ricerche effettuate in questo campo indicano che la maggior diffusione si ha intorno ai 20 anni, età che coincide spesso con l'entrata all'università o nel campo del lavoro da parte dei giovani, momento comunque di maggior rapporto con il mondo esterno.
In questi ultimi anni in realtà il disturbo bulimico si pre-

senta molto più accentuato del passato nelle giovani adolescenti, che si trovano a vivere il processo evolutivo di conquista dell'identità. Per arrivare al processo interno di coesione che tale meta comporta, è necessario che i fattori relazionali, sociali e biologici raggiungano una sintesi armonica. All'esterno la verifica di una tale sintesi si concretizza nella scelta definitiva dell'oggetto sessuale. Per entrare a far parte del mondo degli adulti l'adolescente deve emanciparsi dai legami familiari, deve essere in grado di sostenere le tensioni che scaturiscono da tale cambiamento, quale conseguente minaccia dell'identità personale. A differenza delle anoressiche che reprimono la sessualità, le bulimiche sono spesso disponibili a instaurare relazioni sessuali, ma ugualmente si dibattono in una lotta per l'indipendenza e l'autoaffermazione, sono soggette ad una bassa valutazione di sé che spesso viene mascherata con la cura del proprio corpo.

b) Sviluppo psichico e bulimia

Per un'adeguata comprensione di questo disturbo dobbiamo tener conto dello sviluppo raggiunto dalla personalità, cioè del grado di organizzazione da essa raggiunto, in quanto il *sintomo bulimico* può caratterizzare un funzionamento psichico di tipo diverso, psicotico, borderline o nevrotico, da ciò dipende naturalmente l'entità del disagio vissuto dal soggetto, e il comportamento bulimico può presentarsi come un sintomo difensivo e non caratterizzare una vera personalità bulimica come struttura. Il disordine alimentare traduce un disordine degli impulsi dovuto a un Io e a un Super-Io debole, a seconda del grado evolutivo raggiunto. La sofferenza affettiva è molto intensa: oltre alle abbuffate, al vomito autoprocurato, all'uso di lassativi e purghe si evidenzia a volte una vita sessuale impulsiva, autodistruttiva e anche l'uso di alcool o sostanze stupefacenti nelle personalità con funzionamento limite. Le relazioni oggettuali hanno risentito di una forte instabilità, a volte uno dei genitori, per cause differenti, ha avuto disturbi depressivi, di alcolismo, che ha provocato nella futura bulimica un'intensa aggressività inconscia. L'instabilità impulsiva spinge il soggetto a instaurare relazioni interpersonali impregnate all'autodistruttività, ci riferiamo a personalità con funzionamento psichico che rientrano nella categoria limite, perciò l'organizzazione della personalità nella maggior parte dei casi rientra nella patologia limite, con tutte le sue caratteristiche abbandoniche e depressive, con il bisogno possessivo dell'altro, al quale si richiede una sicurezza mai posseduta.

Il ciclo bulimico, l'ingozzarsi di cibo da un lato e poi svuotamento dello stomaco dall'altro, può essere confrontato all'alcolismo o alla tossicodipendenza. Eccitazione e dipendenza come afferma Gilliéron. Nella bulimia l'individuo diventa dipendente non dal cibo di per sé, quanto dal modello di comportamento bulimico, in cui è proprio l'atto dell'ingozzarsi e poi del vomitare che diventa il bisogno impellente, a cui non si può rinunciare ma che procura dopo profonda vergogna. *Da un lato quindi l'individuo accetta il desiderio e lo vive, poi se ne vergogna e tenta di annullarlo mettendo in atto il comportamento* liberatorio *con l'uso del vomito, purghe, tisane.* In tal modo si realizza un ciclo interminabile di piacere e disgusto del cibo. Il cibo con la sua funzione di nutrizione veicola la relazione madre-bambino, per cui riveste non solo la funzione fisiologica, ma anche quella affettiva. L'apporto narcisistico materno, normale o patologico, è fondamentale al rapporto affettivo che si viene a instaurare tra loro e incide profondamente sullo sviluppo psichico del bambino.

La personalità materna con le sue caratteristiche evolutive è determinante nell'aiutare il bambino a vivere lo *stadio orale*. Il bisogno di incorporazione dell'oggetto madre è uno dei momenti cruciali strutturati della relazione d'oggetto perché permette al bambino l'esperienza del possesso e del contenere, uno degli aspetti che risultano più difficili per la futura bulimica. In quanto queste pazienti hanno sperimentato una relazione materna angosciante e soprattutto prevaricante che le ha continuamente confrontate alle loro incapacità, con il risultato di rinforzare insuccesso e svalutazione. Le dinamiche della bulimia si concretizzano poi attorno al ruolo sessuale. In questi soggetti si rileva una sofferenza affettiva molto significativa: a volte uno dei genitori per cause differenti è stato incapace di poter dare la sua disponibilità autentica e svolgere la funzione che gli compete, oppure sono cresciuti in famiglie in cui la coppia era molto conflittuale per cui il soggetto non ha goduto di una protezione adeguata, che gli ha permesso di vivere i propri bisogni. Spesso abbiamo incontrato ragazze o donne che non hanno mai veramente vissuto la propria infanzia, perché i loro comportamenti erano a protezione della madre: si assiste a una inversione dei ruoli. All'apparenza la bulimica si presenta al positivo, in profondità maschera i suoi bisogni di dipendenza e di affetto infantile mai goduto, tutti sentimenti che in realtà le procurano fastidio e vergogna. Mai si permette di esprimere i veri sentimenti di rabbia, di tristezza, tutte tensioni somatizzate che poi riversa nelle abbuffate. *Gli eccessi bulimici* caratterizzano molte situazioni patologiche, per questo dobbiamo tener conto dell'*organizzazione di personalità* del soggetto ai fini della terapia. Spesso ci si imbatte in un *falso sé*, ma non è certo l'unico tipo di funzionamento psichico. All'esterno osserviamo manifestazioni con tratti di comportamento improntati all'indipendenza che spesso vengono scambiati per vera autonomia interiore ed efficienza, mentre queste pazienti vivono il più delle volte una *scissione* profonda tra ciò che provano e ciò che manifestano. Perché esse spostano i loro conflitti interni sul corpo che comunque devono proteggere dal divenire femminile, ma a differenza delle anoressiche non possiedono le stesse capacità di controllo e di autodisciplina. Mentre quello che le accomuna è l'impossibilità di esprimersi in modo naturale e spontaneo, di non poter godere delle emozioni che il corpo femminile dà; ciò sta a significare un'incapacità a identificare i propri bisogni per cui sono portate a sostituire il linguaggio verbale a quello somatico. Nelle adolescenti si riscontra nel momento culmine della presa di coscienza della propria identità femminile, che viene bramata e contemporaneamente respinta. Il rifugio nel cibo, la spinta compulsiva a riempirsi e subito dopo liberarsi, traduce all'esterno il vuoto affettivo dei loro legami disturbati, in cui erano loro a dover adeguarsi ai bisogni altrui, e i primi accenni bulimici si ritrovano molto spesso già verso i dodici-tredici anni, man mano che il processo di crescita getta luce sulla necessità di separarsi dalla propria madre. *Fisicamente* ci traggono in inganno perché possono presentarsi attraenti e ben curate e, come le anoressiche, alcune hanno successo nel lavoro e negli studi. Ci riferiamo soprattutto alle donne adulte perché spesso le bulimiche adolescenti si presentano trascurate, in quanto nella maggior parte di esse l'organizzazione di personalità è di bas-

so livello. Dietro questa facciata di indipendenza esiste una stima molto scarsa per se stesse e un bisogno di dipendenza sempre accuratamente nascosto e mai esplicitamente manifestato: donne in carriera, a volte, che nelle abbuffate e poi nelle purghe scaricano la loro solitudine, però all'esterno il corpo ben curato manifesta la capacità di controllo e mantengono il livello di competizione richiesto dall'ambiente. *La scissione* della propria identità origina fin dalla primissima infanzia, perché vengono a mancare, alla futura bulimia, figure genitoriali adeguate, solide a reggere gli investimenti a causa della loro fragilità, soprattutto la figura materna. Alle loro spalle si riscontrano madri frequentemente esaurite, depresse, e soprattutto critiche, non in grado di rispondere in modo adeguato ai bisogni infantili, che si appoggiano sulle figlie, e nelle situazioni più gravi le vivono come un prolungamento di se stesse che possono «usare» per scaricare la loro aggressività.
Inoltre fin dalla più tenera età si chiede a queste bambine *un atteggiamento maturo* che ha limitato sia il bisogno della dipendenza sia quello della ribellione aperta, ma sempre si riscontra un controllo delle pulsioni: mai queste pazienti hanno imparato a esprimere liberamente i loro bisogni perché non è stato insegnato loro a identificarli. Però, rispetto alle anoressiche le bulimiche hanno una tenace identificazione con il ruolo femminile tradizionale, possono avere una vita sessuale attiva. Di solito hanno vissuto *un rapporto paterno* improntato all'ambivalenza, da un lato il padre è ammirato, ma non ha risparmiato critiche e atteggiamenti effusivi verso la figlia, per lei resta ugualmente pieno di interesse, di fascino. Tutto ciò compromette il rapporto con gli uomini, con i quali instaurano relazioni assai turbolente. Il padre rimane un modello, a differenza delle anoressiche, e cercano di differenziarsi dalle madri, rifiutando ogni forma di fragilità, di tradizionalismo, perciò un modello da non imitare, ma tutto ciò spesso viene mascherato assumendo un atteggiamento di protezione verso la figura materna che sostengono apertamente.
La bulimia colpisce sempre più spesso le nostre adolescenti, perché accanto ai fattori culturali della nostra civiltà dell'immagine, dobbiamo tener conto che nell'adolescenza i bisogni infantili riemergono assumendo un'espressione scissa e sotto altre manifestazioni, ad esempio nell'*orgia*

alimentare e nel conseguente bisogno irrefrenabile di liberarsi lo stomaco che caratterizzano l'attacco bulimico, in questi aspetti viene meno l'apparenza di perfezione a cui le bulimiche spesso tendono e riescono in tal modo a lasciarsi andare senza più ritegno. L'ossessione per il peso corporeo le spinge a fare uso anche di *purghe e lassativi*: l'incubo del grasso traduce un problema veramente di fondo, quello dell'identità femminile legata alle problematiche del desiderio, per cui a cominciare dall'adolescenza la ragazza si trasforma in donna acquistando un corpo con attributi femminili ben caratterizzati (seno, curve, ecc.) vero incubo per le pazienti bulimiche.
«Se penso al mio corpo... perdo il sonno».
«Cioè?».
«Devo stare attenta al peso, mantenerlo, a volte mi sento scoppiare per quello che mangio, ma poi mi riempio fino a scoppiare».
La bulimia, caratterizza anche *molte personalità borderline*, in questo caso il comportamento bulimico, assume il ruolo di difesa dalla dolorosa sensazione *di scissione* della personalità, ed è collegato a numerosi altri sintomi, di grave entità, il cui obiettivo è quello autodistruttivo, come alcolismo, promiscuità sessuale, automutilazione. Comportamenti che abbiamo riscontrato in pazienti adolescenti e adulti. In altre situazioni, senz'altro meno gravi, la bulimia esprime conflitti legati alle problematiche strettamente adolescenziali e quindi meno difficoltose da risolvere. Però una volta divenuto comportamento abituale è più difficile risolverlo, in quanto intervengono fattori di carattere fisiologico: l'alternanza di iperalimentazione e liberazione (vomito, purga, ecc.) può influire sull'*equilibrio dei regolatori della fame e della sazietà*. Tutto ciò può rendere ancora più intensa l'esperienza degli episodi bulimici, in quanto l'abbondanza di cibo e il vomito liberano uno stato di sofferenza e tensione. Intorno agli anni '80 *si è legato la bulimia alla depressione*, perché era stato notato (Pope-Hadson) come un certo numero di pazienti bulimiche reagissero agli antidepressivi triciclici e agli inibitori delle MAO (monoamine-ossidasi) da cui i ricercatori dedussero che la bulimia originava dalla *depressione endogena* o da un *disturbo affettivo primario*.
In realtà la bulimia va considerata come una somma di più fattori evolutivi, in cui la tensione emotiva viene regolata

attraverso l'uso del cibo, purganti e vomito, il cui obiettivo è la magrezza, *che riassume il controllo delle proprie pulsioni con l'uso perverso del corpo* (Baldassarre, *op. cit.*). Il fatto di riempirsi e svuotarsi è un movimento «compulsivo» che ripropone il bisogno e l'incapacità di «trattenere» l'oggetto, che da un lato riporta alle prime relazioni oggettuali sperimentate, e che nell'adolescenza esplodono nella incapacità di percepire correttamente l'immagine di sé, perché questi soggetti, negando i bisogni primari, non riescono a contenere la spinta pulsionale che a questa età si fa pronunciata.

Comunque lo stato depressivo che si coglie nelle bulimiche può essere ricollegato al fatto che la maggior parte delle strutture di personalità rientrano in organizzazioni limiti che lottano contro la perdita, il vuoto affettivo; quindi la depressione, generata dall'angoscia di separazione e di abbandono, *è una caratteristica rilevante*. Esistono comportamenti bulimici *anche negli obesi* che in conseguenza di una dieta molto rigida possono sviluppare, di reazione, un comportamento molto simile a quello bulimico.

La paziente anoressica tenacemente si concentra sulle forme e sul peso del corpo per bloccare le problematiche legate alla risoluzione del processo dell'identità. Ma la differenza tra i due tipi di disturbo alimentare verte sul fatto che nell'anoressia il problema si manifesta molto prima, attorno alla pubertà (13 anni), per cui il soggetto è costretto a confrontarsi immediatamente con le nuove forme adulte acquisite dal corpo con lo sviluppo mestruale, esplode la problematica legata al desiderio e immediatamente cancellata rendendo il corpo trasparente, privo di segni che possano denunciarla. Mentre nella bulimia la situazione esplode, come dicevamo, più tardi, quando il soggetto si ritrova a dover gestire le proprie relazioni interpersonali e l'esperienza di separazione dalla famiglia coinvolge lo stato di falsa indipendenza fino ad allora vissuto, che viene in tal modo così a costituire un impedimento nei rapporti con gli altri, creando angoscia.

«Mio padre fa sempre tante storie, quando devo uscire la sera» dice una paziente di 20 anni, studentessa universitaria.

«E lei cosa fa?».

«Ma... prima piangevo... litigavo... poi ho cominciato a uscire ugualmente... il sabato sera».

«E come è andata?».
«Malissimo, esco... però lui non è contento... mi tiene il muso... e poi sto male».
«Cosa le succede?».
«Mi capita quella cosa... vado fuori, mangio... soffro perché non voglio abbuffarmi... ma non mi trattengo e poi... il resto... lo conosce».
«Perché suo padre non è d'accordo con le sue uscite del sabato sera».
«Ma... per lui sono una poco di buono anzi dice puttana, a starmene in giro la notte ... e poi me lo ripete chiaramente, che ci fai tutte quelle ore con i ragazzi... per lui le donne devono sposarsi e uscire con il sole, almeno quelle oneste».
«Lei come si sente».
Piange. «Veramente confusa... prima... ora divisa non vorrei litigare lui soffre io soffro».
«Mi sembra che abbia difficoltà a seguire ciò che sente di fare».
«Sì, questo è vero, io vorrei farlo partecipare alle mie cose... ma lui non *approva*».
«Però neanche le impedisce di uscire».
«Vuol dire che sono io l'incapace, non ho coraggio».
«A fare cosa?».
«A vivere la mia vita, con le cose che vorrei fare... questo è vero».
«E sua madre»
«Mia madre sorride... ironica».
A volte i soggetti anoressici arrivano a sviluppare comportamenti bulimici dopo molto tempo dall'insorgenza dell'anoressia, e spesso tali comportamenti si collocano nell'ambito di una risposta compensatoria del corpo assoggettato a una rigida denutrizione prolungata. Questi individui hanno un peso corporeo più grande rispetto alle anoressiche senza bulimia, inoltre presentano disturbi psicologici molto più gravi; difficilmente riescono a controllare gli impulsi che sovente le conducono all'uso di sostanze stupefacenti, di alcool, a strutturare relazioni superficiali e comportamenti sessuali promiscui, ai furti; il passaggio improvviso dalla anoressia alla bulimia molto spesso è una copertura che nasconde un disagio più profondo: il vero disordine impulsivo che spesso comporta disturbi del comportamento: aggressività, negazione delle regole. Anche

l'ambiente familiare rivela un clima con tensioni differenti: mentre nella famiglia anoressica vige un clima psicologico molto controllato, inteso a nascondere ogni tensione che possa scuotere l'apparenza perfetta, la facciata esterna, e mira al successo, nelle famiglie delle pazienti bulimiche i conflitti sono più aperti, i litigi e le relazioni tra i membri si presentano frequentemente burrascose. Le anoressiche bulimiche manifestano atteggiamenti fortemente autodistruttivi verso se stesse, fino a mettere in atto spesso tentativi di suicidio, e le organizzazioni di personalità tendono verso la sfera evolutiva più bassa. L'avvenire psichico di un individuo passa attraverso la sua famiglia, attraverso le relazioni interpersonali che legano i differenti componenti, lo spazio relazionale, chiuso, aperto, intercambiabile, è il risultato dei processi comunicativi che li legano.

OBESITÀ

a) Caratteristiche generali

Nell'eziopatogenesi di questo disturbo concorre una serie di variabili che coinvolgono fattori ereditari, ambientali e familiari.
Il modello ideale del nostro corpo, è in stretta correlazione con l'immagine che abbiamo di noi stessi: mente e corpo ci costituiscono. I fattori psichici che determinano l'obesità, come abbiamo già considerato, si rivelano già nell'età evolutiva, però è soprattutto nell'adolescenza che se ne evidenziano le caratteristiche. Per il bambino, l'atteggiamento materno possessivo ovviamente in contrapposizione a quello paterno, fragile e poco frequente, costituiscono un bagaglio emozionale decisivo. Anche l'abitudine familiare a supervalorizzare il cibo esercita un contributo notevole: il bambino che mangia gratifica l'ambiente che restituisce tale piacere, considerandolo buono, forte, capace. In questo scambio reciproco, il bambino guadagna in stima e apprezzamento.
Nei soggetti in età di latenza si rileva «un difetto di integrazione dello schema corporeo» (Covalca e coll., 1966) che si traduce in un comportamento pigro, con poca destrezza, incentrato su se stesso.

Negli adulti obesi il difetto d'integrazione dello schema corporeo è più nocivo, quando l'abuso di cibo è iniziato in età evolutiva (Stinkord, 1967). Per alcuni soggetti il cibo riveste una funzione specifica di «regolatore» dell'equilibrio psichico, nel senso che assume il ruolo basilare per sostenere la regressione che stanno vivendo. Da ciò emerge un altro aspetto, quello compensatorio in rapporto all'intensità delle frustrazioni subite. I pazienti che abbiamo incontrato nella pratica clinica mostravano caratteristiche rilevanti di personalità riguardo al controllo degli impulsi, aspetti narcisistici ben marcati, depressione e comportamenti accompagnati da notevoli livelli di ansia. Spesso il livello di maturità raggiunto dalla personalità è quello di un grado non certo elevato. Il funzionamento psichico può rivelare profonde dinamiche depressive, vissute all'esterno, con il corpo, altre volte è necessario l'uso di psicofarmaci, dati gli elevati livelli di ansia, che contribuisce ulteriormente all'aumento di peso. Le ricerche effettuate da Mefferd, Corda, Kletty e Coffey, evidenziano proprio questo nuovo aspetto nello strutturare un'obesità «da psicofarmaci».
Dietro l'iperfagia si condensano alcuni problemi che, più di altri, investono la spera psicologica, cioè il cibo come difesa contro l'ansia, come compensazione a frustrazioni intolleranti per l'individuo che viene toccato nel suo «apparato narcisistico». L'iperfagia assume un ruolo di difesa, anche se inadeguato per i risultati che dà, che cerca di allontanare i conflitti profondi nei quali l'individuo si dibatte. Questo aspetto protettivo richiama il bisogno di inattività dei soggetti obesi, che caratterizza sia quelli in età evolutiva che gli adulti. Perché il peso ponderale assurge a valore quasi magico di forza e di potenza e quindi di riparo contro l'ansia, che in alcuni casi è veramente notevole, come spesso accade nelle personalità psicotiche.
Ci imbattiamo, nella pratica clinica, in pazienti che hanno vissuto situazioni conflittuali veramente notevoli, spesso di tipo sessuale, abusi e violenze, vittime di incesti. Dal punto di vista della personalità si evidenziano alcune caratteristiche come la passività, la difficoltà a implicarsi in legami profondi, il livello di ansia e l'inibizione sono notevoli. L'assunzione di cibo, le modalità in cui questa avviene, ci conduce a confrontarla con l'assunzione di certe droghe, ad indirizzare l'attenzione sulla patologia del legame

che queste personalità hanno sperimentato in modo molto grave fin dalla prima infanzia. Infatti, si tratta di obesità che si articolano su una personalità organizzata secondo un funzionamento di basso livello, in cui l'incapacità di controllare gli impulsi, il dover far fronte continuamente a uno stato depressivo profondo sono gli aspetti più nocivi, e per difendersi il soggetto ricorre a operazioni difensive primitive: il riempirsi continuamente diventa un mezzo per ostacolare il vuoto interno e per esistere.

«L'obesità può accompagnare ogni possibile e immaginabile affezione psichiatrica, le nevrosi come le psicosi. Vi sono pazienti nei quali prevalgono le caratteristiche isteriche, altri che soffrono di nevrosi ossessive e compulsive, altri ancora con anomalie caratteriali e personalità psicopatica. Negli obesi si riscontrano tanto la schizofrenia quanto le psicosi maniaco depressive» (H. Bruch, p. 162).

b) Sviluppo psichico e obesità

Se dal punto di vista metabolico l'apporto eccessivo di calorie è dovuto al bisogno impellente di sedare l'ansia, da quello psichico si mette in gioco il discorso sulla regolazione degli interventi affettivi, sulla continuità dei legami. *Che cosa rappresenta l'obesità, per chi la porta*?

Un bisogno di marcare i confini, emerge immediatamente il significato simbolico.

Difficilmente questi soggetti parlano del loro bisogno di cibo, al massimo, parlano del loro disordine di alimentazione, anzi spesso affermano che in famiglia sono proprio loro ad alimentarsi meno, mentre gli altri mangiano il doppio. Il rimpinzarsi procura sollievo perché risulta un antidoto contro i profondi e intensi dolori emotivi, che vengono «vissuti» nel corpo e apparentemente attutiti. Ci siamo spesso chiesti: che bisogno c'è di rendersi mostruosi. Forse il primo aspetto, investendo il corpo in dimensioni marcate, accresce la sensazione di potenza, di forza, attutendo le ansie notevoli. L'alterata relazione tra appetito e sazietà può essere ricondotta alla compensazione inconscia dell'aggressività inespressa, oppure a un amore eccessivo la cui ricerca diventa compulsiva. Alcune delle adolescenti obese che abbiamo incontrato hanno iniziato l'aumento

di peso lentamente, fin dalla latenza. L'obesità nell'adolescenza inizia con lo sviluppo fisico-sessuale che il soggetto si trova a vivere. Il corpo mostruoso, informe annulla ogni caratteristica femminile o maschile, la profonda regressione orale spinge ad assumere continuamente cibo. Ad un'analisi più approfondita si nota che il rapporto con il cibo, da parte di questi soggetti, è stato particolare: a volte voraci, a volte il bisogno di ingurgitare grandi quantità di cibo era seguito da un periodo di normalità.
Lucia ha 19 anni frequenta il secondo anno di Università, facoltà di Lingue.
«Il mio rapporto con il cibo... è stato travagliato... ho preso i trenta chili... in questi due anni... però ho mangiato... quanto non lo so, ma i piatti di pastasciutta erano sempre colmi e il mio spariva... subito».
«Ora come va?».
«Meglio dell'inizio». «Sono tre mesi che ci incontriamo».
«Però c'è una cosa...che vorrei dire». Arrossisce.
«Lei non parla mai di diete e di cibo».
«E perché dovrei?».
«L'altra... sì».
«È per questo che ha interrotto il trattamento?».
«Ci ho pensato... sa, penso che avesse delle aspettative».
«Di che tipo?».
Ride. «Ma che cominciassi a calare 3 grammi, dopo un anno. Allora lei che ne pensa?».
«Penso che il peso è un aspetto dei problemi di cui abbiamo parlato».
«Di questo aspetto esteriore mia madre non si è mai interessata, sono tutt'oggi trasparente per lei, e pensare che non entro nelle porte...e poi tutto il resto. Ma c'è di peggio...».
«Credo che dovremmo parlarne».
«Uh... sì, non è facile, non l'ho mai... mi spingeva verso il suo compagno, ho sempre pensato che mi offrisse a lui».
Silenzio.
«Mi sembra che lui sia più giovane di sua madre».
«Ha quasi quindici anni di meno, l'ha mantenuto per tutti questi anni».
«Quanti anni aveva quando è venuto a stabilirsi in casa con voi»
«Io ne avevo dodici e lui... forse trenta».
«Forse c'è un rapporto con il suo aumentare di peso».

«Mangiavo bene, all'inizio, perché era lui a cucinare poi... è stata difficile la convivenza».
«A cosa si riferisce».
«Alle attenzioni... alle paure che avevo quando si avvicinava... per il bacetto della buona notte».
Stunkord distingue gli individui che diventano obesi dopo il periodo adolescenziale e che conservano integra la propria immagine corporea, mentre coloro i quali fin dall'infanzia sono grassi non sembrano avere una chiara percezione del proprio peso. In adolescenza l'eccedenza ponderale può spingere il soggetto a isolarsi, a evitare ogni forma di contatto sociale per sfuggire alle critiche o semplicemente ai confronti. Quando ci troviamo di fronte a difficoltà di personalità che riguardano la sua evoluzione, quali la struttura, l'obesità rientra nello sviluppo generale dell'individuo. A questo riguardo gli autori la identificano come obesità di sviluppo, e il disturbo alimentare comincia nell'infanzia, e i fattori costituzionali interagiscono con quelli emotivo-ambientali. Gli individui invece che diventano obesi da adulti spesso iniziano ad avere il disturbo alimentare in concomitanza con un trauma subito, avvenimenti significativi che non riescono ad affrontare ma che subiscono in tutta la loro portata emotiva, che sconvolgono l'equilibrio psichico avuto fino qual momento della loro vita. Queste situazioni vengono definite obesità reattive, e quello che colpisce è la velocità con cui essa si afferma.

c) Sintesi: coppia e sviluppo psichico del bambino

Abbiamo spesso fatto riferimento alle dinamiche della coppia dei genitori e quale influenza esse hanno nello sviluppo psichico del bambino, agevolandolo o bloccandolo: è utile riflettere su alcuni aspetti. Tutti i bambini vivono un senso di esclusione (Britton, 1989) quando si rendono conto dell'esistenza di un legame tra i propri genitori, da cui sono esclusi. Questo aspetto riveste un'importanza cruciale per lo sviluppo evolutivo futuro del bambino, in quanto egli acquisisce l'esperienza di una «realtà triangolare» in cui si modifica la relazione «duale» sperimentata con la propria madre fino a quel momento. L'entrata del padre in modo *diretto* influisce nella modificazione dello spazio psi-

chico vissuto e la relazione acquista un nuovo «movimento dinamico» in rapporto ai bisogni e all'evoluzione del desiderio, in termini psicodinamici, alle vicende della libido. Il bambino è costretto a riconoscere la sua piccolezza, a identificare l'altro nella sua dimensione di adulto.
Quindi l'esperienza di percepire il legame esistente tra i propri genitori significa per lui la capacità di sperimentare una gamma di relazioni con conseguenti stati emotivi, nei quali può essere partecipe o escluso. Tutto ciò gli procurerà emozioni che andranno ad alimentare il suo bagaglio esperienziale, naturalmente la loro intensità deve essere in rapporto alle sue capacità, ai mezzi posseduti per padroneggiarle.
Britton evidenzia questi aspetti nella relazione triangolare in cui il bambino si «vede» interagire, una posizione che gli consente di osservare i rapporti oggettuali, e in seguito di verificare anche la possibilità di pensare di essere osservati.
Il riconoscimento di una relazione triangolare ed anche la sua interiorizzazione risente delle qualità del legame che unisce i genitori. Le ricerche di E. Fivas (*op. cit.*) evidenziano largamente l'influenza che la coppia con il suo comportamento ha sullo sviluppo del bambino, e sulla triangolazione. Dal nostro punto di vista aggiungiamo il peso che tutto ciò ha nello sviluppo dei fantasmi, e quindi nelle modalità di strutturare relazioni interpersonali che caratterizzeranno il futuro del bambino, perché il relazionarsi con l'oggetto e il riconoscere le sue capacità di distanziarsi, di avere una vita autonoma costellata da propri bisogni, conduce al riconoscimento, fondamentale per lo sviluppo del bambino, che l'altro ha una propria esistenza, una propria autonomia. Ciò tocca il narcisismo, non solo del bambino, secondo noi, ma anche quello della coppia dei genitori, troppo spesso tralasciato, che deve rinunciare al possesso del bambino, abbandonando comportamenti adesivi e fusionali che non gli permettono di separarsi da loro. Mentre la vera crescita si ha quando si realizza in termini psicoanalitici «la costanza dell'oggetto», cioè la capacità di vivere il legame anche in assenza dell'oggetto stesso, cioè quando il bambino acquisisce la capacità di sopportare la distanza fisica, e non sperimentare l'assenza dell'altro come una pericolosa rottura del legame: solo così si struttura la «fiducia» che deve reggere

il rapporto. Le osservazioni sulla madre, la costanza dei suoi comportamenti, da cui nasce la possibilità di elaborare il lutto, Meltzer 1993, la realizzazione di uno spazio immaginativo, ci sembrano assai utili, perché «l'elaborazione» e quindi lo sviluppo fantasmatico del bambino verte sulla percezione di un legame stabile e di conseguenza sulla capacità dei genitori di porsi nei suoi confronti come coppia ma anche come individui autonomi, ciò gli darà la possibilità di appoggiarsi sull'uno e sull'altro o su tutti e due contemporaneamente, secondo le circostanze. Il conflitto, che il bambino si trova a sperimentare nel percepire il legame emotivo tra i genitori e da cui è escluso, in realtà si rivela un potenziale di crescita perché lo pone di fronte alla scoperta di nuove emozioni quali amore e odio per l'oggetto amato, il tradimento e l'esclusione che ne deriva sono gli oggetti fondamentali dell'Edipo ma sono anche fondamento della percezione della realtà riconoscendola nei suoi diversi aspetti. Britton parla di spazio triangolare da cui scaturisce la possibilità di esser tanto uno dei partecipanti alla relazione e di venire osservati da un terzo, quanto di osservare un'interazione tra due persone (pp. 86-87). Ecco che la dimensione relazionale, nell'affrontare la realtà delle proprie emozioni, acquista un valore di spinta allo sviluppo psichico, al mondo interno.
Il non considerare la realtà emozionale del bambino può condurlo a uno sviluppo abnorme della personalità, il falso sé di Winnicott, «as-if» della Deutsch o la struttura caratteriale di Meltzer, le personalità limite di Bergeret, indicano uno sviluppo di personalità dovuto all'insieme di quelle esperienze insoddisfacenti e precarie che il neonato si trova a sperimentare nella relazione affettiva primaria con i genitori.

La madre non «sufficientemente buona» si mostra non adeguata a comprendere, forse meglio, a raccogliere i gesti del proprio bambino, di farsene carico (Bion) e di identificarsi con le proiezioni del bambino, che attraverso esse «tenta» di comunicare e quindi disfarsi di emozioni per lui intolleranti. Se la madre non accoglie i gesti del bambino, ma sostituisce i suoi gesti a quelli del bambino, la comunicazione interattiva ne viene danneggiata perché i «gesti» del bambino non acquistano, potremmo dire, significato e risonanza in quanto il bambino viene così a trovarsi nel-

l'impossibilità di sviluppare un continum con la sua emotività, non è in grado di riconoscere le sue emozioni perché l'altro, cioè la propria madre, non riconosce e quindi non convalida la sua emozione. Le madri che si comportano in tal senso, risultano distaccate, impenetrabili, per usare la terminologia di Feldman (1989). Ciò conduce il bambino a «reagire» con violenza verso l'oggetto impenetrabile, oppure lo conduce ad una chiusura che comporta l'esperienza del vuoto. Spesso la clinica mostra che le due posizioni sono la prima conseguente alla seconda, e nel tempo il bambino svilupperà risposte, richieste dalla situazione, meglio forse dire imposte dall'esterno, basate quindi su una struttura di Falso sé. Quando i bambini o gli adulti sviluppano una patologia della condotta alimentare dobbiamo riflettere da un lato sulla mancanza di equilibrio dinamico della coppia dei genitori e dall'altro sull'ampiezza dello spazio triangolare che il bambino o l'adulto si sono trovati a vivere. Intendiamo riferirci a quel particolare periodo dello sviluppo psichico che riguarda l'oralità, ma anche alle relazioni intime e alla particolare distinzione tra sé e l'altro.
Questa distinzione è un lungo processo che dovrebbe alla fine condurre l'individuo a una percezione chiara della realtà, secondo Freud *l'Io di realtà* comporta la capacità per il soggetto di strutturare relazioni interpersonali in cui ci sia anche il riconoscimento delle emozioni che appartengono al sé e di quelle che invece appartengono all'altro. Lo spazio psichico può essere ancora molto angusto, poco sviluppato perché scarso di stimolazioni, oppure vuoto, sempre comunque colpisce la presenza di un clima depressivo.
Nei pazienti incontrati che presentavano un disturbo alimentare abbiamo rilevato uno «strano» rapporto: esagerate attenzioni nei riguardi della madre, fino a creare vere situazioni di dipendenza che all'esterno sfociavano in comportamenti richiesti dalla madre e a cui il soggetto rispondeva negando i propri bisogni, mentre in profondità ciò evidenziava un disturbo riguardante l'espressione dell'aggressività, inteso come incapacità di esprimere le proprie emozioni, di riconoscere i propri bisogni, strutturare risposte di rifiuto: l'incapacità di dire no è per esempio una caratteristica ricorrente. Ciò portava a considerare l'altro come infallibile e contemporaneamente a disprezzare se

stessi, negando il conflitto profondo che tutto ciò procura. La relazione del soggetto con la coppia dei genitori, in realtà spesso si manifestava come improntata sulla dinamica materna, perché nella coppia genitoriale la madre, come abbiamo osservato nelle differenti patologie, rivestiva un ruolo infallibile, annullando o sostituendo il ruolo paterno. Sempre comunque si rintracciava una difficoltà genitoriale che andava a toccare il processo di identità di entrambi, lo sbilanciamento dei loro ruoli e quindi delle funzioni svolte.

Parte terza

Psicoterapia dei disturbi alimentari

Capitolo quinto

Psicodiagnosi

a) La diagnosi di personalità

I disturbi della condotta alimentare riguardano personalità differenti considerando il grado di evoluzione raggiunta, e secondo l'orientamento psicodinamico essi vengono affrontati formulando la diagnosi di personalità del soggetto. L'intento non è classificatorio, perché la raccolta di informazioni ci consente una migliore comprensione del paziente, del suo problema e quindi la dimensione strettamente soggettiva. I sintomi, già nel pensiero di Freud sono la manifestazione all'esterno delle difese patologiche dell'individuo, ma anche l'espressione simbolica dell'inconscio e del suo dinamismo. Perciò il sintomo, inteso come comunicazione non verbale, è un messaggio al quale il clinico deve attribuire un significato che riporta alla conflittualità profonda del soggetto. All'inizio gli fu dato un valore prettamente descrittivo e quindi classificatorio, dal punto di vista psicodinamico acquista sempre più il valore dell'espressione simbolica, intesa come traduzione esterna del linguaggio privato dell'individuo, che riveste anche la funzione di mantenere un certo equilibrio individuale.
L'aspetto diagnostico, oltre che basilare in ogni trattamento psicoterapeutico, consente di comprendere nel nostro caso la funzione che riveste il disturbo alimentare presentato dal soggetto, motivo della consultazione. Formulare la diagnosi di organizzazione di personalità significa rilevare il livello di mentalizzazione raggiunto dal soggetto, le sue capacità di elaborazione,cogliendo così i conflitti intrapsichici e relazionali, da lui vissuti riguardanti i passaggi obbligati degli investimenti affettivi durante lo sviluppo evolutivo.
I rapporti affettivi, le relazioni interpersonali che gli individui strutturano sono mediati dall'azione dei fantasmi, il mondo esterno risente dell'*investitura* di quello immaginario, ne amplifica i conflitti che si esprimono nella realtà

sotto forme diverse. La percezione della realtà è soggettiva, nel senso che risente delle qualità delle nostre esperienze infantili, accanto all'incidenza del contesto storico e culturale in cui siamo vissuti e viviamo; la percezione di essa è una caratteristica strettamente individuale che risente delle nostre emozioni, e che fornisce il grado di maturazione raggiunto.

Come affrontare il trattamento?

Definire il funzionamento psichico del paziente, le vicende dinamiche che ricaviamo attraverso l'osservazione clinica e facendo riferimento a un *modello teorico* del funzionamento psichico, ci consente di formulare la diagnosi di personalità. La sua importanza è dovuta al fatto che ci dà la possibilità di risalire ai conflitti profondi, ai meccanismi di difesa utilizzati dal paziente, alle modalità di strutturare le relazioni interpersonali, e dalle quali ricavare le relazioni oggettuali vissute: tutto ciò è la somma del suo peculiare modo di interagire con la realtà, attraverso le esperienze emotive sperimentate: ciascuno di noi ha la sua storia. La totalità di questi processi costituisce il funzionamento psichico dell'individuo sia nel versante detto normale che patologico, il risultato è dato dall'interazione con le componenti biologiche.
Dal momento che ci occupiamo di soggetti in età evolutiva, dobbiamo tener conto che, non essendo terminato lo sviluppo evolutivo, ci riferiamo al funzionamento psichico e non all'organizzazione definitiva della personalità.
La necessità della diagnosi nasce dal fatto che conoscere il funzionamento della psiche getta luce sui meccanismi di difesa e sulle modalità peculiari di rapportarsi del soggetto. Ci permette di scegliere la strategia terapeutica idonea ad affrontare la particolare situazione che il soggetto presenta e per la quale siano stati consultati. Trattandosi di disturbi alimentari dobbiamo tener presente anche dell'ampiezza che tale sintomo riveste nella vita del paziente: è molto diverso se ci troviamo a interagire con una giovane donna bulimica, che ha sviluppato il suo sintomo alimentare con l'inizio degli studi universitari, anziché una donna che ha un passato infantile di vomito, di «ingozzamento» o «rifiuto» del cibo che si è presentato fin dall'infanzia.

L'attenzione va alla relazione terapeuta-paziente e al suo dispiegarsi, considerando anche l'emotività del terapeuta vissuta in quella particolare relazione.
La diagnosi andrà delineandosi al primo colloquio tenendo conto di alcuni punti cardini che costituiscono il trattamento breve (Gillièron, *op. cit.*, p. 64):
- Reazione emotiva del terapeuta.
- Il modo in cui il paziente fornisce le informazioni.
- Il contenuto dei dati forniti.

Tutto ciò può essere colto solo attraverso il setting. Rispettando le sue regole siamo in grado di svolgere un lavoro attento, *scientifico*. Ma dal momento che si tratta di bambini e adolescenti, il rapporto, già alla richiesta di consultazione, risulta molto differente da quello che si stabilisce con il paziente adulto. Infatti, è la famiglia, o spesso la scuola, che richiede la consultazione psicologica e la prima consente di realizzare il trattamento terapeutico, per cui il setting richiederà particolari attenzioni per mantenere le sue regole e per evitare soprattutto confusioni.
La pratica terapeutica con soggetti adulti e in età evolutiva, bambini, adolescenti e famiglia, ci ha condotto a riflettere sul modo di procedere in psicoterapia, a partire fin dal primo incontro. La nostra posizione circa l'attributo breve non riguarda l'accorciamento del trattamento classico, bensì ci riferiamo a una terapia con il giovane paziente che non escluda le interelazioni con l'ambiente familiare in cui vive, aspetto quest'ultimo che *si è rilevato di notevole peso nel ridurre* e quindi determinare i tempi terapeutici. Teniamo presente che un bambino o un adolescente vengono portati in terapia, a volte è il caso di dire scaricati (anche se spesso in questi ultimi anni incontriamo soggetti che hanno chiesto espressamente di parlare di sé con qualcuno), in un momento particolare che è quello della *crisi*. Lo psicoterapeuta si trova dinanzi al dilagare delle dinamiche profonde, che nel caso dei soggetti in età evolutiva riguardano non solo quest'ultimo ma il nucleo familiare al completo. Perché comprendere il funzionamento psichico della coppia dei genitori, e di conseguenza comprendere i ruolo svolto dal figlio (bambino o adolescente), è rendersi conto delle conflittualità che si creano e pesano sulle spalle del giovane paziente designato. Già Anna Freud aveva evidenziato l'importanza decisiva della famiglia nell'analisi del bambino. Tutti gli analisti infanti-

li si sono resi conto quanto peso abbia l'apporto familiare nel trattamento psicoterapeutico di un bambino e come la disponibilità dei componenti della famiglia possa essere utile. La nostra posizione è psicodinamica e quindi il lavoro terapeutico non si ferma all'analisi della relazione a ciò che vediamo dispiegarsi direttamente sotto i nostri occhi, ma si cala nel profondo a sbrogliare il mondo dei fantasmi, continuamente alimentato dalle dinamiche che circolano all'interno del nucleo familiare in cui il bambino vive.
Infatti, non tralasciando l'influenza che miti e fantasmi rivestono nel libero fluire dei rapporti interpersonali che legano fra loro i componenti di una famiglia, si coglie il peso che essi determinano nel mondo intrapsichico di ciascuno, il funzionamento che ne deriva determina il comportamento del singolo. La famiglia non è un gruppo qualsiasi, ma un gruppo di persone legate da vincoli profondi che creano e di conseguenza forniscono la possibilità di sperimentare legami interni e di dipendenza da cui derivano conflitti interpersonali, intersoggettivi, che influenzano non solo i comportamenti attuali del bambino, ma quelli futuri di individuo adulto.
Le famiglie che noi terapeuti incontriamo si trovano a dover affrontare a volte conflitti veramente gravi e il paziente che presenta i sintomi ne è semplicemente il rilevatore. Infatti avere informazioni esaurienti riguardo alle relazioni interpersonali del paziente significa conoscere molto sulla natura delle sue relazioni oggettuali interne. Sono famiglie che sperimentano una posizione *coesiva estrema*, e seguendo la terminologia sistemica potrebbe essere indicata come *omeostasi forzata,* alla quale può seguire un diverso equilibrio psichico: di ordine psicotico, limite, o nevrotico. Nel caso del bambino o dell'adolescente, il sintomo costituisce non solo il tampone al compromesso equilibrio familiare, ma un momento destabilizzante allo sviluppo evolutivo della loro personalità futura.
Dopo questa premessa, ora affronteremo il trattamento psicoterapeutico e il nostro modo di procedere. Quello che si è rilevato fondamentale ai fini della riuscita della cura, è il modo nuovo di impostare il trattamento (Baldassarre, *op. cit.*).
Il trattamento si compone di due fasi:

La prima fase è dedicata alla *diagnosi* quindi all'investigazione psicodinamica. Si compone di quattro colloqui, riservati alla famiglia e al bambino, mentre il secondo e il terzo sono abitualmente riservati al bambino con l'intento di rilevare, attraverso l'uso di mezzi psicodiagnostici, il funzionamento psichico, usando test proiettivi, disegno, sceno-test. Il quarto colloquio, prevede che ci sia da parte del terapeuta una chiara visione del disturbo da affrontare e un programma terapeutico per farvi fronte.
La seconda fase segna l'inizio del trattamento vero e proprio: dall'aspetto tecnico (orari, frequenza, spostamenti delle sedute, pagamento) a quello emotivo che vede il dispiegarsi del processo terapeutico.

A differenza dell'adulto, il bambino e l'adolescente vengono accompagnati dai familiari presso lo specialista: sono sempre loro a decidere il momento di farlo e la scelta del medico, un punto di partenza non certo da sottovalutare al fine di iniziare il trattamento psicoterapeutico. Per questo siamo soliti tener conto di come *è avvenuto il primo contatto*: vale a dire *chi* della famiglia ha preso l'appuntamento, *chi* ha deciso per la consultazione, *in quale ambito* è maturata la decisione di rivolgersi a uno psicoterapeuta. Molto spesso scopriamo che l'incentivo è partito dal medico di famiglia, dal pediatra o dalla scuola attraverso l'intervento di un insegnante. A volte si verifica che è passato molto tempo dal suggerimento dato, per ragioni diverse tale iniziativa era stata accantonata. Sempre comunque nella nostra indagine investigativa *rintracciamo* l'evento scatenante che ha portato a tradurre in atto la decisione di consultare, per questo le *modalità* e il *momento* in cui è avvenuta la richiesta sono un elemento che teniamo presente, e che svolge una sua funzione nel determinare la crisi. Già la prima *telefonata* contiene un messaggio rilevatore delle correnti relazionali che caratterizzano quel particolare nucleo familiare. Nella nostra personale esperienza clinica, abbiamo incontrato madri o padri che al telefono cercano di rovesciare su di noi tutta la storia della loro vita o vogliono parlare delle difficoltà del loro bambino in dettaglio: dei tempi della terapia, dei costi o si scusano per aver disturbato. Non sono messaggi banali perché indirettamente ci avvertono della situazione che andiamo ad affrontare, del clima che vige in quella famiglia, senza tralasciare il fatto che a volte il tentativo di renderci complici si manifesta apertamente. Può essere indicativo il primo approccio telefonico di questa madre: «Vengo per mia figlia, vorrei un appuntamento, il medico mi ha suggerito il suo nome». Viene fissato l'appuntamento, la donna accetta e subito dopo dice: «Volevo dire che mia figlia ha 16 anni, ha abortito, mio marito non lo sa» e riattacca. Potremmo dire che la trappola è scattata, il terapeuta è stato reso complice già dal primo momento del segreto di questa famiglia.

Chi si presenta al primo colloquio?

Incontriamo famiglie che si presentano al primo colloquio per accompagnare il proprio figlio ticcoso, balbuziente o eneuretico, altre volte si presentano solo i genitori o uno dei due. Per formulare la *diagnosi di personalità* di un individuo adulto il terapeuta deve valutare aspetti biologici, sociali, relazionali, per chiarire il funzionamento psichico del bambino o dell'adolescente deve tener conto della coppia dei genitori, delle dinamiche familiari che caratterizzano le loro relazioni interpersonali e del momento evolutivo che il soggetto sta vivendo.
L'analisi dei comportamenti manifesti denuncia le problematiche conflittuali profonde. La valutazione del momento evolutivo, infanzia, latenza o adolescenza, che il paziente designato sta attraversando, ci consente di valutare i parametri di sviluppo e anche se non possiamo parlare di organizzazione di personalità nel senso di caratteristiche ben definite, possiamo tuttavia rilevare elementi che ci permettono di far luce sul funzionamento psichico del soggetto. Il nostro atteggiamento *è di ascolto*: basti considerare come il bambino viene presentato dal nucleo familiare, l'interazione che ciascuno poi stabilisce con il terapeuta, figura che a volte viene immediatamente rifiutata o accolta. Si assiste così allo sviluppo di tutta una serie di atteggiamenti che vanno dalla manipolazione seduttiva alle critiche più o meno velate: «Non pensavo minimamente a una terapeuta, a una signora, insomma.» Dice la madre di Cristiano, 10 anni, appena entrata. Il ragazzo afflitto da balbuzie osserva entrambi i genitori mentre parlano. «Vuole dire che...» interviene il marito, «quando ha saputo che lei era una donna è rimasta sorpresa».

«Si aspettava un mo... mostro» ribatte secco il ragazzo, «invece...» aggiunge d'un fiato arrossendo.
Fin dal primo impatto questa madre ha dichiarato apertamente il suo problema con la figura femminile, con l'appoggio chiarificatore del marito, altro comportamento questo che non possiamo certo trascurare riguardo al modo di funzione della coppia.
Dalle parole del ragazzo emerge l'immagine di una donna-mostro. Padre e figlio «interpretano» il pensiero di questa moglie-madre.
«Se fare la mamma è una specie di lotteria... per via dei capricci», aggiunge subito dopo.
Teniamo presente che il figlio ha dieci anni e lei intende vestirlo (sceglie gli abiti ogni mattina, per abbinare bene i colori!) e poi lo scuote con i rimproveri perché ha poche iniziative, Nessuno durante il colloquio accenna al notevole sovrappeso del ragazzo.
Alla fine del primo colloquio il terapeuta può raccogliere molti elementi che si riveleranno fondamentali per formulare una prima ipotesi circa il funzionamento psichico. Potremmo così riassumerli in modo più chiaro:

- *Da chi è partita la richiesta della consultazione?* (padre, madre, medico di famiglia, ecc.).
- *Chi accompagna il bambino o l'adolescente?* (madre, padre, entrambi i genitori).
- *Indici non verbali:* disposizione dei membri della famiglia (posizione assunta dai genitori e dai figli, a volte si formano nuove coppie: madre-figlio, figli-figli, ecc.).
- *Atteggiamento reale della coppia* nei riguardi del figlio: di comprensione, sostegno, rifiuto.
- *Relazione della coppia:* ci è sempre stato utile rilevare il leader sociale della coppia, chi assume all'esterno il ruolo potremmo dire di conduzione e chi invece utilizza la strategia nascosta riguardo alle scelte, al dominio sull'altro, alla prevaricazione come sistema di comunicazione.
- *Atteggiamento "assunto" dalla coppia* dei genitori nei riguardi del terapeuta (dipendenti, sottomessi, ostili, svalutanti, superficiali, ecc.).
- *Atteggiamento del bambino* durante il colloquio: se partecipa, se si estranea, aggressivo, ansioso.
- *Reazioni personali del terapeuta* sia nei confronti del bambino che della coppia (comprensione, rifiuto, aggressi-

vità, protezione, rassicurazione, ecc.). A un terapeuta attento non sfuggirà la sua personale reazione emotiva nell'interazione con l'altro.
- *Contenuto verbale:* annotiamo le frasi *rilevanti* che via via emergono nel corso del colloquio.

I vari punti citati ci saranno di aiuto nel formulare le ipotesi sul funzionamento psichico alla fine del primo incontro, ipotesi che naturalmente i colloqui successivi potranno confermare, chiarire o ritrattare (Gillièron, *op. cit.*, p. 68). Infatti il dipanarsi sotto i nostri occhi delle dinamiche relazionali caratterizzanti il nucleo familiare, che isolano, reprimono o comprendono all'apparenza il giovane paziente, costituisce la conoscenza diretta della situazione conflittuale in cui viene a trovarsi.
Marta è una bambina di 9 anni molto collerica, inappetente. È stata portata alla consultazione psicologica per il comportamento estremamente disordinato che ha in casa e di disturbo in classe, spesso litiga con le compagne che hanno iniziato a evitarla.
«Li vede? Sono sempre così appiccicati» dice la madre parlando della bambina seduta sulle ginocchia del padre. Alla fine del colloquio questa madre ci parlerà di suo padre e di sua sorella, che stavano sempre appiccicati e di come lei dovesse provvedere alle faccende domestiche, essendo morta la madre quando aveva 10 anni.
I due colloqui successivi (Baldassarre, *op. cit.*) sono dedicati al bambino o all'adolescente, nell'ultimo colloquio, al quarto, siamo soliti incontrare tutta la famiglia e comunicare le nostre impressioni.
Perché diamo tanta importanza al primo colloquio? Le ricerche di Gilliéron in tal senso ci sono state di aiuto. In questo primo approccio paziente e terapeuta sono fisicamente due sconosciuti che si incontrano portando ciascuno il proprio ruolo, uno che soffre e chiede aiuto, l'altro provvisto di mezzi per rispondere a tale richiesta. Oltre a questi elementi che attingiamo dalla sfera del reale, ce ne sono altri che invece originano dall'irrazionale e che quindi denunciano l'emotività profonda che emerge nella relazione instaurata da entrambi. Relazione, che rileva nelle sue caratteristiche la capacità di costruire un legame, le qualità che lo connotano.

Il processo terapeutico: diagnosi e trattamento

Il nostro modo di procedere nel trattamento di psicoterapia, per quanto riguarda bambini e adolescenti, si svolge secondo *l'ottica* breve. L'attributo breve non sta a indicare l'accorciamento del trattamento classico, ma una nuova modalità di impostare il trattamento stesso di soggetti in età evolutiva, il che diminuisce i tempi della cura in quanto in esso distinguiamo:

1. *Primo livello*: investigativo-diagnostico. Riguarda i quattro colloqui a cui ci siamo riferiti.
2. *Secondo livello*: trattamento psicoterapeutico vero e proprio, svolgimento del processo.

Trattandosi di soggetti in età evolutiva dovremmo *distinguere* il funzionamento psichico del soggetto portatore del sintomo, bambino o adolescente, quindi paziente designato, dal contesto familiare, come quest'ultimo funziona. Tenendo conto dell'età e del momento evolutivo che sta vivendo, non possiamo parlare di organizzazione definitiva della personalità essendo ancora in corso il suo sviluppo evolutivo. Ma possiamo cogliere i conflitti e le dinamiche profonde che li sottendono. Distingueremo poi anche il funzionamento psichico della famiglia, la modalità di relazionarsi tra i suoi componenti. Questo significa che dovremmo rilevare i rapporti che si svolgono all'interno del nucleo familiare, e che si strutturano tra i vari membri, che attuano i processi comunicativi.
A lungo la psicoanalisi ha diretto la sua attenzione soprattutto al mondo interno del bambino, ai fattori intrapsichici dunque, tralasciando la realtà esterna, l'ambiente in cui si sviluppa, primo fra tutti quello familiare, che viene ad assumere secondo quest'ottica un valore di contorno e non di primo piano nell'avvalorare il disagio evolutivo. Saranno proprio i terapeuti infantili a rendersi conto dell'importanza e della funzione del contesto familiare. Comunque già A. Freud aveva notato come l'atteggiamento della famiglia sia decisivo oltre che per la realizzazione anche per il buon risultato della cura stessa dei bambini. Furono gli analisti successivi (Deutsch) a rendersi conto dell'apporto della famiglia alla formazione dei conflitti infantili, alcuni di loro prima ancora di iniziare la cura si re-

cavano in casa del piccolo paziente per meglio cogliere le condizioni di vita, e iniziarono a non escludere *l'interazione familiare* sulla patologia infantile. Un bambino o un adolescente non possono essere separati dal proprio nucleo, basti considerare il contatto continuo che essi hanno con le figure di riferimento, cioè i genitori, e come tutto ciò *lavora alla formazione delle immagini interne*, per cui il lavoro terapeutico, se ben condotto, va ad incidere direttamente sullo sviluppo evolutivo e modifica non solo il comportamento disadattato attraverso il cambiamento, ma a livello psichico rappresenta la capacità di agevolare il funzionamento ricorrendo a un più elevato livello, guadagnando avanzamento nel processo di mentalizzazione. Il terapeuta che imposta il trattamento in questi termini sceglie di tener conto oltre che della famiglia interna fantasmatica, anche di quella esterna, reale, da cui dipende l'esistenza del bambino e il suo sano sviluppo.

Valutazione psicodiagnostica

Questo primo livello del lavoro terapeutico, da un lato, permette di comprendere la natura del disturbo, e dall'altro, di scegliere la strategia da adottare per sanare il disagio: l'unico modo per realizzare un lavoro rigoroso che ci permetta di conoscere dove andiamo e cosa sta avvenendo. Se ciò è valido per i pazienti adulti è fondamentale per i soggetti in età evolutiva perché il rischio di strutturare trattamenti interminabili, di durata infinita, è continuamente presente, e tutto ciò va a repentaglio dello sviluppo futuro. Alle spalle di un bambino o adolescente disagiato esiste una famiglia altrettanto disagiata che nasconde i suoi conflitti spesso dietro una bella facciata. Le famiglie che noi terapeuti incontriamo sono molto spesso malconce e già il primo incontro, sarebbe più preciso dire, la modalità di formulare la richiesta della consultazione ci fornisce una serie di informazioni circa il funzionamento psichico di quella determinata famiglia. La richiesta di consultazione viene fatta in un momento particolare della *crisi*, per cui il terapeuta si trova dinanzi al dilagare delle dinamiche profonde che riguardano non solo il bambino o l'adolescente ma i componenti dell'intera famiglia. Conoscere il funzionamento psichico della coppia dei genitori è

cogliere quali conflittualità agiscono e pesano sulle spalle del giovane paziente e soprattutto non limitarsi alla realtà patologica che ci troviamo di fronte, ma agganciare gli elementi che hanno contribuito al suo instaurarsi e che spesso vanno anche al di là della presente generazione.
Si potrebbe obiettare che da anni i terapeuti familiari hanno indirizzato l'attenzione su questi aspetti, ma la nostra posizione è psicodinamica per cui il lavoro terapeutico affronta da un lato l'analisi della relazione dal punto di vista del comportamento esterno, e dall'altro si cala nel profondo andando a sbrogliare il mondo dei fantasmi, continuamente alimentato, nel caso di bambini e adolescenti, dalle dinamiche che circolano all'interno della famiglia.
Vedremo come lo strutturarsi della relazione tra terapeuta e paziente diventi uno strumento di indagine. Il suo modo di rapportarsi a noi diventa un mezzo che getta luce sulla natura dei suoi comportamenti, sui conflitti di fondo della personalità, sulla patologia del legame.
Miti e fantasmi influenzano il libero fluire dei rapporti interpersonali tra i componenti della famiglia, andando a incidere sul mondo intrapsichico di ciascuno e sul funzionamento psichico che ne deriva.
Nel nostro lavoro siamo particolarmente attenti alla relazione che si struttura tra paziente e terapeuta, nel nostro caso tra bambino-famiglia e terapeuta. Quest'ultimo si trova immediatamente immesso nel gruppo-famiglia che come tale mostra ai suoi occhi non solo il funzionamento in quanto nucleo, ma rivela anche la singolarità del funzionamento dell'individuo, della coppia, dei genitori e del bambino.
L'*interagire* fra loro e il terapeuta è fonte inesauribile di elementi che al terapeuta risulteranno utili già primo colloquio per comprendere quello che sta avvenendo in quel determinato nucleo e il tipo di equilibrio che si è strutturato.
Dopo questa premessa affronteremo ora il *trattamento psicoterapeutico* che secondo la nostra ottica si svolge nel modo seguente:

> *Primo colloquio*: riceviamo il bambino o l'adolescente e chi l'accompagna. A questo punto il terapeuta conosce solo la modalità in cui è avvenuta la consultazione psicologica. Alla fine del colloquio formuliamo l'ipotesi sul funzionamento psichico per quanto riguarda, in questo caso, il nucleo familiare.

Secondo e terzo colloquio: di solito sono dedicati al soggetto, con l'intento di conoscere, attraverso anche l'uso di mezzi psicodiagnostici scelti a seconda dell'età, la posizione profonda per cui ricorriamo a mezzi di espressione idonei oltre al colloquio, come test proiettivi, disegno, sceno-test, per poter affrontare le dinamiche del conflitto e a quale livello si posizionano. Quando si tratta di bambini, neonati oppure di uno, due anni, è molto utile il rilevamento delle interazioni che si svolgono sotto i nostri occhi.
Quarto colloquio: sancisce l'incontro con la famiglia al completo. Si prevede che da parte del terapeuta ci sia una chiara visione del disturbo da affrontare e un programma terapeutico per farvi fronte. Conoscere il funzionamento psichico del paziente e le dinamiche familiari significa prendere visione del tipo di legami che si strutturano tra i membri e quale tipo di equilibrio si realizza in quella data famiglia. Ecco, che il disturbo alimentare del bambino, acquista tutt'altra risonanza del fatto specifico in sé, relativo al soggetto, perché il sintomo si rivela un indicatore dei conflitti profondi del paziente, ma anche del dinamismo della famiglia. Dopo di che, esponiamo il progetto se iniziare o no un trattamento.

Molto spesso nella pratica clinica i quattro colloqui si rivelano già una vera psicoterapia, ci riferiamo soprattutto alle situazioni in cui i sintomi non presentano un'eccessiva radicalizzazione, in quanto il soggetto vive in un nucleo dotato della capacità di modificarsi alle esigenze del figlio bambino o adolescente, quindi vige un equilibrio più fluido derivato dal grado di maggiore flessibilità di cui sono provvisti i componenti. In questi casi i quattro colloqui si rivelano capaci di affrontare la situazione.
Ora consideriamo gli elementi che risultano fondamentali ai fini del livello investigativo e diagnostico e che mostrano in dettaglio la nostra modalità operativa di procedere a partire dal primo colloquio.
Il primo punto è riflettere, da parte del terapeuta, riguardo ad alcuni avvenimenti che già si sono verificati e che risultano portatori di utili informazioni, che risultano proficui ai fini della diagnosi. Quando ci troviamo di fronte alla richiesta di consultazione fatta da adulti e adolescen-

ti per disturbi alimentari, questi arrivano spesso alla consultazione psicologica con lo scopo dichiarato di voler ottenere un dimagrimento, cioè riuscire a seguire una dieta, per sentirsi belli, accettati e attivi, come se i sentimenti e il rapporto con gli altri fossero veicolati unicamente da un corpo di dimensioni perfette. In alcune situazioni, dove non è vistosamente *presentato* l'aspetto fisico, il problema cibo viene abitualmente mascherato a causa della *vergogna* che ne deriva e solo in seguito emerge con tutti i connotati di apprensione che lo accompagnano, soprattutto per i disturbi bulimici. Negli altri casi, l'eccedenza ponderale e il contrario costituiscono il problema emergente, la punta dell'iceberg che in profondità cela problematiche molto più complesse. Perciò il fattore *dimagrimento,* nei casi di bulimia e obesità, anche quando raggiunge il successo, ha un'esistenza temporanea, inaspettate ricadute aprono il campo a ulteriori delusioni che danno luogo a *squilibri* depressivi. Frequentemente i terapeuti si sentono dire: «È iniziato dopo le diete, ho perso qualche chilo, ma poi... li ho ripresi e così via...». Cibo e conflitti di fondo della personalità celano una stretta connessione nel realizzare l'equilibrio o lo squilibrio psichico di un individuo, per questo tenteremo di cogliere i nessi che li intrecciano.
Quando si tratta di bambini e adolescenti le difficoltà aumentano nel senso che non possiamo escludere la famiglia dal trattamento. Le relazioni che il soggetto ha tutt'ora e la vicinanza delle persone reali, i genitori, rinsaldano il legame patologico; attraverso la manifestazione esterna, il sintomo, assistiamo alla sua realizzazione.

b) Trattamento del disturbo alimentare nella prima infanzia

Il punto di partenza dovrebbe essere quello di un'attenta indagine clinica capace di escludere innanzitutto alterazioni di carattere organico, in grado di provocare un disagio di tale entità al bambino. Per raggiungere l'obiettivo terapeutico, cioè far retrocedere il rifiuto del cibo da parte del bambino, dobbiamo chiederci *dinanzi a quale tipo di patologia alimentare e a quale intensità siamo confrontati.* Il lavoro terapeutico non può tralasciare la famiglia, deve mirare al cambiamento dell'atteggiamento assunto da que-

sta nei riguardi del cibo: a volte va dalla costrizione all'indifferenza. Questo per poter riflettere sulle dinamiche che regolano la relazione. Ma una madre che si fermasse semplicemente a mettere in atto i nostri suggerimenti in realtà simulerebbe solo il cambiamento, in quanto i pasti nell'ambito della *relazione famiglia-bambino* hanno un'importanza tale che per arrivare a rimuovere l'ansia, che si struttura attorno ad essi, è necessario realizzare un cambiamento profondo sulle dinamiche che si strutturano all'interno dello scambio relazionale. La maggior parte delle madri vive la situazione come minacciosa alla stessa sopravvivenza del bambino, perciò le resistenze a seguire i suggerimenti dati dal terapeuta dipendono dall'entità delle loro angosce, dal grado di flessibilità posseduto. Le forti apprensioni per il cibo in realtà nascondono nei genitori altri tipi di problemi irrisolti. Sicuramente molte inappetenze potrebbero essere evitate se da parte dell'ambiente non ci fossero comportamenti costrittivi mediante cui imporre cibo al bambino, a danno del suo piacere, dell'appetito. Niente minacce, inganni o giochi: lo scopo da raggiungere è quello di invertire la situazione sperimentata fino ad allora dal bambino, dovrà essere lui a chiedere in certi casi.
La difficile applicazione di questi banali suggerimenti risulta di fondamentale utilità nel chiarire la personalità materna: infatti, per arginare gli effetti della sua ansia, il primo passo può essere quello di spostare l'obiettivo, indirizzarla non più sulla quantità di cibo che il bambino ha assunto, ad esempio, sul peso che verifica ogni volta, e notare come non ci sia stato in realtà il dimagrimento tanto temuto, soprattutto quando si tratta di bambini piccoli.
Normalmente l'atteggiamento del terapeuta deve essere appropriato riguardo al tipo di struttura di personalità della madre: una madre fobica dovrà sentirsi sostenuta, appoggiata e non colpevolizzata, una madre con funzionamento psicotico fa fatica a percepire i reali bisogni del suo bambino.
Si ricorre all'ospedalizzazione solo nei casi in cui la relazione è seriamente compromessa, il bambino viene spesso affidato a personale infermieristico specializzato capace di sostenere un adeguato maternage, che porterà alla regressione e poi alla scomparsa del sintomo, senza elevare competizioni *con la madre* che innalzerebbero la sua ansia o addirittura la porterebbero a uno stato depressivo, ma ciò

riguarda situazioni veramente gravi abitualmente trattate nella struttura.
Comunque va tenuto presente che tutte le forme di anoressia, dalle più lievi alle più gravi, traducono i conflitti relazionali che si instaurano nel rapporto bambino-genitori, tali conflittualità irrisolte pesano dunque sugli scambi comunicativi che ne risultano danneggiati. Quando si tratta di bambini o di adolescenti la famiglia dovrebbe essere coinvolta in un ruolo attivo, riguardo al trattamento di psicoterapia. Trattandosi di soggetti in età evolutiva non dobbiamo escludere l'apporto continuo dato allo sviluppo del bambino da parte dei genitori e la dipendenza di quest'ultimo verso di loro e quanto tutto ciò influisca sui fantasmi.
Tracciamo alcuni aspetti ricavati dalla pratica clinica e che si sono rilevati fondamentali ai fini del trattamento, soprattutto alla sua impostazione:

- *Esclusione di cause organiche* che possono gravare nell'alimentazione del bambino e quindi compromettere il rapporto con il cibo.
- *Conoscenza* delle modalità e circostanze in cui il disturbo si è presentato, sua evoluzione.
- *Rifiuto del cibo:* analizziamo dettagliatamente il suo manifestarsi, se parziale, costante o in rapporto alla persona che si occupa dei pasti del bambino, se è sempre la stessa, oppure il bambino ha subito continui cambiamenti (baby-sitter, asilo nido, parenti...).
  Nella pratica clinica abbiamo incontrato bambini che avevano incontrato dozzine di baby-sitter nell'arco di pochi mesi e ciascuna, naturalmente, presentava un suo *stile* riguardo al fatto di nutrirlo.
- *Reazioni da parte dell'ambiente di rifiuto di cibo:* costrizioni, giochi, inganni nel somministrare i pasti, bambini nutriti nel sonno oppure ad ogni manifestazione di pianto o con intervalli di tempo eccessivamente lunghi.
- *Focalizzare l'attenzione sull'interazione* genitori-bambino e rilevare alcuni parametri imposti dai primi: *orario e frequenza* dei pasti, *rispetto* intransigenti di essi, *quantità* di cibo consumata, l'*ossessione* della bilancia. Ci torna spesso in mente il fatto di aver incontrato madri che seguivano attentamente le indicazioni date da manuali specializzati in tal campo, spostando così l'attenzione dal bambino e dai suoi bisogni, per interessarsi mag-

giormente che tutto avvenisse secondo le indicazioni astratte date dal libro.

- *Velocità* materna nel nutrire il bambino senza consentirgli di trovare un suo ritmo, ecco che il cibo perde la qualità affettiva fondamentale di scambio piacevole, interpersonale tra bambino e genitori: non si crea intimità, ma un momento di prevaricazione.
- *Atteggiamento affettivo* sviluppato dalla madre o da chi si occupa del bambino, attraverso parole, abbracci, sorrisi, gioco, silenzio, in rapporto all'età del bambino.

Questi punti, per quanto indicativi e di carattere pratico, sono stati largamente riscontrati e valutati nel loro apporto a creare un'area di disturbo intorno all'alimentazione. Infatti una madre che comprende i bisogni reali del suo bambino ha un comportamento di *partecipazione* e non di *prevaricazione*: lascia che il bambino scelga la quantità di cibo desiderata e non si attiene in modo ferreo né agli orari né alla bilancia. Man mano che il figlio cresce, introduce gusti nuovi nella sua alimentazione, dando al bambino *il tempo* di abituarsi gradualmente, di assaporarli e soprattutto di esprimere il suo disgusto.
Tutto questo, per quanto possa apparire normale, se attuato sviluppa nel bambino un comportamento attivo e meno ansiogeno, limitando la dipendenza passiva e le esigenze espresse dall'ambiente che traduce, attraverso il comportamento della madre, la sua disponibilità a riconoscerlo: il pasto diventa un momento esperienziale piacevole da condivisione e non da ingozzamento, in cui i bisogni infantili non vanno insabbiati. Basti considerare come molte condotte alimentari della prima infanzia di tipo anoressico si sviluppano intorno alla fine del primo anno, per arrivare al culmine durante la fase anale, cioè intorno ai due-tre anni. In questo momento *si può cogliere* in modo netto e dimostrativo l'azione dell'ambiente. È il momento dello svezzamento, che di frequente è applicato in modo rigido, e il bambino reagisce con opposizione e in tal modo si instaura il conflitto.
Infatti, se la famiglia è sensibile al bisogno manipolatorio del bambino e non lo reprime, potremo constatare come *piacere anale* e *alimentare* siano in stretto rapporto, si associno nell'esperienza del bambino, creando il suo benessere psichico. Come abbiamo accennato in precedenza, se

al bambino si lascia liberamente toccare il cibo (impiastricciarsi) sperimenterà sempre più la sua capacità di manipolarlo: si nutrono con le mani ma molto presto passano all'uso delle posate senza eccessiva difficoltà. Se invece il comportamento materno è repressivo, a parte il fatto che avrà necessità di essere imboccato per un periodo più lungo, il bambino si sbrodola. Abbiamo incontrato bambini che conservavano questa abitudine fino alla scuola elementare; ciò intralcia lo sviluppo della libertà del bambino, a danno dell'evoluzione delle tendenze anali e del rapporto madre-bambino che si blocca in modo prevalente sulla dinamica passività-dipendenza, incidendo sullo spazio psichico del bambino, e quindi sul processo di separazione. Inoltre le *reazioni di disgusto*, tanto presenti in alcuni bambini, apparentemente inspiegabili, trovano le loro radici nella fase anale, sono in realtà legate ai desideri di giocare con gli escrementi, di manipolarli, ecc. Essi vengono dislocati sul cibo e spesso basta l'odore o l'aspetto delle sostanze alimentari a lui proposte, a riportarlo al ricordo della materia fecale che gli è stato proibito di manipolare. Da qui scaturiscono le sue reazioni di disgusto tanto frequenti per le sostanze alimentari colorate di verde o marrone, per le creme, per la forma che hanno i cibi. Quando invece il bambino è libero accoglie in modo più aperto il cibo e l'introduzione di nuovi sapori: esprimere rifiuto e disgusto è un suo diritto che non dobbiamo certo reprimere.
Il mangiare risulta spesso disturbato perché il soggetto reagisce con sintomi isterici, per esempio con il *vomito*. Perciò il rifiuto di cibo acquista una speciale risonanza nel contesto dinamico del soggetto: paura e desiderio della fecondazione o il panico di diventare grasso, che di per sé diventa la difesa della fantasia di essere incinta, spesso si parla di ingravidazione orale delle anoressiche. Ma accanto ai conflitti profondi, esistono quelli relazionali nati dai legami con i componenti della famiglia. Se le fissazioni e le regressioni dello stadio orale sono di notevole entità, il *desiderio di fecondazione o penetrazione viene "mascherato all'esterno"* con il terrore, a volte è il caso di dire panico, di *essere avvelenate*, e tutto ciò si esplica nelle pesanti e rigide restrizioni alimentari che il soggetto mette in atto. Spesso incontriamo questi aspetti nell'anoressia.
Fabiana, una bambina di 9 anni, chiedeva, ad esempio, il

peso delle pietanze e le scrutava attentamente, altrimenti rifiutava di mangiare, «... perché ho paura che ci sia qualcosa... veleno». Fu portata alla consultazione psicologica solo quando iniziò a contare i chicchi di riso. Attraverso le costruzioni con lo sceno-test emersero i fantasmi angoscianti della bambina che tradivano il legame tra sessualità orale e genitale. Il *disturbo dell'alimentazione,* può ricorrere a manifestazioni sintomatologiche differenti e su questo incide il momento evolutivo che il soggetto si trova a vivere. Perciò i sintomi si strutturano più facilmente quando la funzione alimentare è privata dell'esperienza di piacere che invece dovrebbe realizzare; al contrario, assume il valore di tensione.

Tutto ciò possiamo riferirlo a quello che A. Freud ha rivelato a proposito del «disturbo del processo istintivo su cui l'alimentazione si basa», ritenendo che la difficoltà a raggiungere il piacere dipende dal fatto che al bambino si richiede un eccesso di regole igieniche e di abitudini imposte dagli adulti, neutralizzando i suoi veri ritmi, oltre alle capacità che in quel momento possiede. Una madre, all'età di due mesi, evidenziava come il suo bambino sfasciato faceva pipì sul lavabo del bagno «così non sporca i pannolini». A otto mesi, momento in cui li abbiamo incontrati, il bambino era afflitto da eczema e da rifiuto di alimentarsi. L'esperienza di piacere, di soddisfazione si verifica quando vengono rispettati i ritmi interni.

All'inizio il lattante non è in grado di fantasmizzare le tensioni da lui provate, perciò la sua conoscenza si riduce a quella degli stati di tensione suscitati dall'urgenza dei bisogni, quindi la fame si esprime con manifestazioni somatiche che denotano la sua sofferenza, come pianto, dolori, crampi, ecc. È in questo momento che l'azione interattiva dell'ambiente, tradotta nella persona della madre, dovrebbe fungere da schermo difensivo alle eccitazioni esterne, il suo ruolo gioca un peso fondamentale, come la sua capacità di accogliere i bisogni del bambino.

Nel trattamento psicoterapeutico del disturbo alimentare del lattante focalizziamo la nostra attenzione su altri aspetti che risultano determinanti. Nella personalità materna è sempre opportuno *sondare il desiderio di maternità*, in quanto in esso possono confluire fallimenti e delusioni precedenti vissuti dalla madre che poi nella maternità trovano un apporto narcisistico che permette ai desideri, in prece-

denza delusi, di acquistare un nuovo equilibrio, per cui il legame relazionale con il bambino in qualche modo serve a nutrire i propri bisogni narcisistici a discapito di quelli del bambino che vengono trascurati in quanto negati. Essere madre è un passaggio che comporta prima quello di essere donna e aver risolto il ruolo di figlia.
Il funzionamento psichico della coppia e il *posto* che il bambino riveste nel loro spazio sono molto influenti per quest'ultimo. Esiste un bambino immaginario nei pensieri dei genitori che può contrapporsi al bambino autentico con cui i genitori si confrontano ed esprimono le loro capacità di ruolo entrando in rapporto con lui e occupandosene. Senza poi tralasciare il cambiamento che la nascita di un bambino apporta nell'equilibrio psichico in precedenza sperimentato dai partner. A volte, assistiamo a profonde regressioni dei padri, espresse con gelosia, critiche o con sintomi psicosomatici.

c) Latenza e disturbi alimentari

La *latenza,* è stata definita spesso età del silenzio. Lo stesso Freud le assegnava un ruolo di *tranquillità* dopo gli intensi cambiamenti degli stadi precedenti dello sviluppo: il soggetto vive un arresto momentaneo, un periodo privo del tumulto che lo ha portato allo sviluppo della libido, alla scoperta delle zone erogene.
Attualmente gli autori sono poco concordi nel considerare questo periodo dello sviluppo evolutivo come un semplice momento di transizione tra la conclusione dell'Edipo e l'inizio della pubertà, perché si è rivolta maggiore attenzione ai cambiamenti, soprattutto comportamentali, che il soggetto si trova a sperimentare. Il bambino si trasforma via via in ragazzo e i suoi interessi ricevono nuovi impulsi, proprio perché dovrebbe aver interiorizzato i controlli. È spinto ad uscire dalla stretta cerchia familiare su cui era incentrato per dirigersi gradualmente verso il mondo esterno che lo conduce alla scoperta di nuove relazioni interpersonali che investono la vita scolastica e la realizzazione di nuovi legami: i coetanei con cui inizia a confrontarsi, le attività di gioco lo spingono verso il gruppo, scuola, sport, ecc. Tale apertura dal punto di vista evolutivo consiste nel *dividersi un po'* tra mondo familiare, privato e so-

ciale. Tutto questo risulta il banco di prova di ciò che è stato lo sviluppo psichico precedente che, in seguito, nell'adolescenza troverà la massima espansione. Gli autori, hanno evidenziato le risorse che il bambino di questa età deve collocare nel sociale: gruppi di compagni e l'amico del cuore. Erikson ha invece rilevato la nascita di un senso di industriosità *che se il ragazzo non arriva a sviluppare, lo porterà invece a sperimentare sentimenti di inferiorità e di insufficienza*. È il momento in cui emerge la competizione, in cui inizia a misurarsi con le proprie capacità.
Il periodo di latenza vede l'emergere di alcuni tratti importanti del carattere, per esempio segna in modo incisivo il nascere di situazioni che possono indurre o scoraggiare il soggetto alla competizione, così pure il senso di appartenenza, cioè il sentirsi pienamente accettati dal gruppo o rifiutati. Altro elemento di larga risonanza è il senso di responsabilità, perché quando il soggetto percepisce di avere un posto nel gruppo dei suoi coetanei, si sente riconosciuto, *impara* ad avere un posto nella società. Le risposte che quest'ultima gli dà, apprezzamento per il suo lavoro scolastico o rapporto con gli amici, non fanno altro che confermare o valutare la stima di sé, il suo proprio valore. In questo modo si amplia il mondo mentale del bambino che acquista nuovi valori e si apre a uno spazio più vasto, si arricchisce di nuove esperienze, dalla famiglia, come era nella prima fanciullezza, si dirige verso il più vasto mondo sociale, separando gli egocentrismi della prima infanzia. Questi anni dovrebbero essere tra quelli *più felici* perché vissuti con i compagni e con la famiglia, quando quest'ultima gli ha dato la possibilità di strutturare legami affettivi stabili, inizia il vero *svezzamento* dal mondo infantile. All'esterno vediamo il ragazzo inserirsi nel gruppo dei compagni, reggere relazioni interpersonali plurime, partecipare scarsamente alla vita sociale di classe, isolarsi, oppure comportarsi esattamente al contrario, avere reazioni di aggressività, di intolleranza e di conseguenza è lo stesso ambiente che lo spinge, che lo isola, e tende a strutturare relazioni precarie, superficiali, con uno o due compagni. Dal punto di vista dello studio iniziano le prime vere difficoltà a discapito del buon rendimento scolastico dovuto a una scarsa attenzione e per lo più all'incapacità a concentrarsi per un certo tempo.
Dietro tutto ciò si cela lo spostamento degli interessi dal

mondo interno, privato come è quello familiare, all'esterno, cioè la realtà nelle sue diverse manifestazioni. I disagi che scaturiscono dalla *presa di coscienza* derivano dagli scarsi mezzi posseduti dal soggetto per interagire con essa, strumenti proposti dal livello di mentalizzazione raggiunto. Considerando l'equilibrio psichico come la risultante dell'interazione di fattori biologici, psicologici e sociali, di fronte a comportamenti disadattati dobbiamo chiederci cosa non funziona, più semplicemente cosa è andato storto nell'evoluzione dello sviluppo psichico individuale.

Ecco che la nostra attenzione si sposta dal mondo esterno a quello interno perché dobbiamo rintracciare le fonti di angoscia e di sconforto. Dietro l'apparente tranquillità di questa età vive e ramifica in profondità da un lato il rapporto con le stimolazioni esterne, dall'altro la percezione delle sensazioni fisico-emotive del proprio corpo: basti considerare i giochi sessuali che a questa età continuano non solo con se stessi, come autostimolazione, ma anche e soprattutto con la scoperta del corpo dell'altro con cui ci si confronta, e non si limitano al proprio sesso ma si dirigono anche al sesso opposto. Gli innamoramenti del compagno/a di classe sono all'ordine del giorno. Il ragazzo scopre così in modo più cosciente, anche se li maschera, i sentimenti che non trovano espressione in forme di comportamento *adulto* come avverrà nell'età successiva, in quanto le identificazioni sono ancora incentrate sulle figure dei genitori con i quali conserva un legame di riferimento fondamentale e continuo, sono ancora idealizzati, potremmo dire usando un linguaggio psicodinamico, e tutto ciò che può incontrare e sperimentare è sempre riferito alle loro figure ideali e risente della loro influenza.
Possiamo imbatterci in residui derivati da conflitti edipici, in rivalità fraterne, senza poi trascurare il fatto che da un lato il soggetto desidera l'indipendenza, dall'altro la famiglia lo limita e a volte lui stesso mette in atto questo bisogno di dipendenza dai genitori; tale contraddizione suscita frequentemente momenti di collera. Il conflitto con essi turba la sua tranquillità, gli dà anche la consapevolezza che è lui a dover *risolvere* i suoi bisogni e i genitori in tal senso vengono ridimensionati nella loro onnipotenza e il ragazzo prende coscienza della morte e dell'abbandono che essa comporta. Spesso il soggetto può difender-

si dall'angoscia attuando delle regressioni. Alla luce di questi comportamenti regressivi troviamo spesso un uso di modelli ossessivi-coatti. Quasi tutti i bambini, ad esempio, ricorrono a comportamenti di marca ritualistica, per allontanare il pericolo e liberarsi di desideri ritenuti inaccettabili. Oppure ricorrono a fantasie di successo per compensare in qualche modo i sentimenti di inadeguatezza: inizia l'identificazione per entrambi i sessi in personaggi, eroi dello sport o del cinema, proprio per sopportare le incapacità del momento.

Miti e fantasmi influenzano il libero fluire dei rapporti interpersonali tra i componenti della famiglia, andando a incidere sul mondo intrapsichico di ciascuno e sul funzionamento psichico che ne deriva. La famiglia è un gruppo di individui legati da vincoli profondi che creano e di conseguenza danno ai suoi componenti la possibilità di sperimentare legami profondi, di dipendenza, d'amore, di odio, di rigidità da cui derivano conflitti interpersonali, intersoggettivi che influenzano non solo i comportamenti attuali del bambino, ma quelli futuri di adulto. A volte le famiglie si trovano a dover affrontare situazioni veramente gravi: bambini e adolescenti ne fanno maggiormente le spese perché più fragili. Si tratta di famiglie che sperimentano una posizione coesiva esterna e forzata che possono funzionare secondo le dinamiche dei differenti livelli di patologia: psicotico o nevrotico, per citare gli estremi; la maggior parte dei pazienti di questi ultimi anni appartengono per organizzazione di personalità alla vasta gamma degli stati limiti.

Nel nostro lavoro siamo particolarmente attenti alla relazione che si struttura tra paziente e terapeuta, nel nostro caso tra bambino-famiglia e terapeuta. Quest'ultimo si trova immediatamente immerso nel gruppo-famiglia che come tale mostra ai suoi occhi non solo il funzionamento in quanto nucleo, ma rivela anche la singolarità del funzionamento dell'individuo, della coppia, dei genitori e del bambino. L'interagire fra loro e il terapeuta è fonte inesauribile di elementi che al terapeuta risulteranno utili già del primo colloquio per comprendere quello che sta avvenendo in qual determinato nucleo e il tipo di equilibrio che si è strutturato.

Primo colloquio

Telefona la madre per chiedere un appuntamento: «Forse lei vorrà sapere il problema della bambina, mangia poco, tanto, malissimo, di conseguenza ci sono problemi tra noi, me e mio marito». Viene fermata dalla terapeuta, altrimenti racconterebbe l'intera storia della sua vita al telefono. Già questo comportamento viene notato: è la bambina, secondo la madre, che crea problemi alla coppia.
Arrivano madre (34 anni), padre (35 anni) e bambina (8 anni).
Valeria, è molto minuta, frequenta la quarta elementare, e colpisce l'abbigliamento: decisamente di un'adolescente. Pantaloni attillatissimi, viola, altrettanto il golfino rosa, sciarpetta al collo Le unghie smaltate di colore rosso, capelli ricci e gonfi, con un ciuffo più chiaro alle tempie.

M. «Le faccio la storia di questa bambina, tu *inserisciti* se non va bene (si rivolge al marito). Abbiamo molti problemi con il cibo, c'è pure l'umore: o urla, o ride, o piange». La bambina viene spinta in avanti, come il vero e unico problema da risolvere.
T. «Sarebbe utile precisare meglio».
M. «Ha reazioni agli estremi... e poi la pipì». Silenzio.
T. «Che cosa succede con la pipì?». La bambina batte le mani e ride *rumorosamente*.
M. «Da un anno se la fa addosso, durante la notte».
P. «È capitato per brevi periodi quando è nata la sorella, aveva 5 anni però il problema col cibo c'era già, aveva tre anni, poi si sveglia e vuole andare subito al bagno, si lava».
T. «Cosa succedeva, allora».
M. «Niente, rifiutava di mangiare e sigillava le labbra, il boccone lo teneva in bocca per ore».
T. «E lei cosa faceva?».
M. «Quando lo sputava glielo rimettevo in bocca!».
T. «Avete altri figli?».
M. «Sì, una bambina di 14 mesi. Valeria. È capricciosa, con il mangiare». La bambina ride». E poi col fatto della pipì mi sembra ancora peggiorata».
T. «A quale peggioramento si riferisce?».
P. «A me sembra non solo capricciosa, ma molto più nervosa di prima, a questo si riferisce».

V. «Non la faccio sempre, prima quando leggevo con la maestra me la facevo subito ... non riuscivo a trattenermi». Ride rumorosamente.

M. «Sì, è vero. Poi ha imparato bene a leggere, sembrava più tranquilla! Ma mangia poco».

P. «Sì, è troppo poco». La bambina si alza e va a sedersi sulle ginocchia del padre, si mostra molto affettuosa, gli mette la mano sulla spalla.

M. «Li vede, sono sempre così, appiccicati così, quando lui sta a casa». Alla terapeuta non sfugge lo sguardo critico della madre.

P. «È vero, è una figlia molto affettuosa, la sera quando torno mi fa le coccole, ci vediamo poco, solo un po' la sera».

T. «Che lavoro fa?».

P. «Sono funzionario dello Stato, sono laureato in scienze economiche».

M. «Però quello che mi ha spinto a venire è il mangiare, a chiedere un'incontro».

T. «Devo supporre che il mangiare la preoccupa».

M. «Sì, moltissimo, a 15 anni ho avuto un periodo di anoressia, è durato fino ai 18 anni, andavo da un professore, mi ci mandavano i miei, mi pare per l'intero anno scolastico e poi... non sono più andata... sono stati i genitori a decidere, dicevo molte bugie al professore, cioè prendevo in giro tutti...».

P. «Ma il problema è pure quello delle unghie, se le mangia, così pure le pellicine, tutto è iniziato l'anno scorso, forse prima, in concomitanza con l'inizio della scuola».

M. «Beh non vorrai negare che anche tu sei preoccupato... io lo sono moltissimo, una bambina di sette anni che passa dal riso al pianto, alle crisi di rabbia, non vorrai dire che tutto va bene». Il tono è forte.

P. «Non ho mai detto o tanto meno pensato questo».

M. «E poi è meglio dire tutto alla dottoressa, all'altra no, non è andata così».

T. «L'altra chi?».

P. «Siamo andati di comune accordo da un'altra dottoressa, due settimane fa».

M. «No, tre settimane, ci siamo stati una volta e poi non più».

T. «Come mai?».

M. «Non ci piaceva... molto, faceva troppe domande».
P. «È vero, e poi davanti alla bambina, non mi è sembrata attenta».
T. «A cosa si riferisce?».
M. «La sessualità. Vede, Valeria è molto disordinata (la bambina ride rumorosamente). Ha un attaccamento sessuale troppo forte, in camera sua non si entra, vietato toccare le sue cose, non lo permette».
T. «Cosa intendeva poco fa per attaccamento sessuale?».
M. «Spoglia le bambole e i bambolotti, parla sempre di far l'amore, è un'idea fissa, oserei dire maniacale, morbosa, come il disordine, sul tappeto non c'è posto per i piedi, tante cose... sparse qua e là».
P. «È esattamente il tuo contrario. Lei dorme nel salotto da anni». Il padre si alza ed imita. «A casa nostra si va solo con le pattine altrimenti i pavimenti si rigano, non faccio in tempo a spogliarmi che già ha riordinato gli abiti, per non parlare della tavola, un ordine perfetto, fiori, ecc.».
M. «Mi preoccupavo che non lo dicessi, non sono perfetta, mi piace il pulito».
P. «L'ossessione della pulizia è un'altra cosa!».
M. «Io sono stanca, nessuno mi aiuta, tu e tua figlia volete essere serviti».
V. «Sei una schiava allora...» ride ancora la bambina, «ti piace fare la schiava».
M. «Giusto, a tutto servizio, senza mai un sorriso, una carezza, sono sfiduciata».
T. «Di che cosa!».
M. «Le sembro una donna, non ho niente, mai una delicatezza, l'anno scorso ho avuto un brutto periodo, poi mi ero rassegnata, mi dicevo forza, hai due figlie, per vivere... lui se ne frega, forse bastano le bambine... ma vede in che disastro mi trovo».
P. «Guardi che esagera, io sono... come dire, poco espressivo, ma non penso di trascurarla». La bambina si agita e va a sedersi sulla sedia, si torce le mani, sguardo basso.
M. «I contrasti tra noi non sono mai mancati... io sono debole, soffro... mi critica in tutto, discussioni di ogni tipo davanti alle bambine, non ho niente, un minimo di libertà, vado dal parrucchiere, portandole con me. Non so come sistemarle».

V. «Schiava, schiava». Ride la bambina.
T. «Da quanto tempo siete sposati?».
M. «Da quasi dodici anni, ma ci conosciamo dalla scuola, mi ha sempre lasciato... mi sono innamorata di lui, a diciotto anni, e per poco non ci rimetto la maturità, il primo anno di università non ho combinato niente».
T. «E perché?».
M. «Mi lasciava... tradiva, aveva altre ragazze, poi ho iniziato a studiare e mi sono laureata in scienze statistiche».
P. «Ci siamo sposati l'anno dopo».
M. «Già, però l'idiota sono sempre stata io... si figuri... gli portavo pure la colazione a letto... i primi tempi... marmellata e fiori compresi, Cenerentola e il Principe».
V. «Ah, ah. Mi fa venire i brividi».
T. «Che cosa ti fa venire i brividi?».
V. «L'innamorata preparava pure la colazione, e la portava a letto!».
P. «Non so che idea si farà di noi e soprattutto di me, però guardi che io non mi sento il disgraziato che sta dipingendo la signora, faccio tutto quello che un buon padre di famiglia fa».
T. «E cioè?».
P. «Procuro sicurezza economica e pure affetto». Si rivolge alla moglie.
M. «Io non sono considerata, come faccio a spiegarlo... stimata, è come se in casa non ci fossi, solo per le faccende! Solo quando avevi la depressione, dopo la nascita della piccolina».
P. «Ma lascia stare, ero stanco».
M. «Sì. A pensarci sono una vera autentica idiota, ho paura di uscire, di guidare, mi viene il panico, e sudo freddo, io non prendo farmaci e lui per due anni si è imbottito».
T. «Credo che dovremmo parlare di questo».
M. «Dopo la nascita della bambina, anch'io sono deperita, deperimento organico, la gravidanza è stata un disastro, sono stata quattro mesi a letto, avevo minacce di aborto e poi tutti dicevano che era meglio abortire, perché la bambina non sarebbe venuta sana».
P. «Io mai, non ho mai pensato una cosa simile».
M. «Però i nostri padri sì, tutti e due, e pure tua madre e tua sorella».
P. «Ma che t'importa di loro, la decisione l'abbiamo presa noi, no? E poi mia madre ti è stata vicina».

M. «Sì, è vero, sua madre è una persona squisita, in certi casi».
T. «E sua madre?».
M. «Come se non ci fosse, lei non si esprime».
P. «Però con le bambine ci aiuta, sempre disponibile».
M. «Sì, però... i problemi di rabbia di Valeria sono cominciati dopo che abbiamo cambiato casa».
T. «Cioè?».
P. «All'inizio abitavamo accanto ai suoi, l'anno scorso ho comprato una casa, è molto più grande, e da allora questa bambina ha cominciato a cambiare».
M. «Sì, le storie per il mangiare sono aumentate e poi ha cominciato a parlare di morte, perché le persone muoiono... Cosa devo fare?».
T. «A che proposito?».
M. «Per il mangiare, è capace di stare digiuna per giorni, beve acqua».
T. «Mi sarebbe utile conoscere meglio cosa succede ai pasti».
M. «A scuola mangiucchia... a casa è capace di saltare la cena, il pranzo».
T. «E lei cosa fa?».
M. «Mi preoccupo».
P. «Di tutto ti preoccupi tu».
M. «Vede come fa, sempre critiche».
P. «La forzi, le racconti le favole, ti arrabbi e poi urli, la maggior parte delle volte».
M. «E tu dove stai? Eh?».
T. «Ma è naturale per una madre preoccuparsi se una figlia non mangia, però forse sarebbe meglio non forzarla, eccessivamente».
P. «Come no, e tua sorella, il colonnello, dove lo metti? Sua sorella è un duce in gonnella».
M. «Mia madre non diceva niente... mia sorella è la più grande, è autoritaria, urlava... con lei non abbiamo un buon rapporto».
P. «Con tuo fratello sì».
M. «Lui è fragile, come me, ha il panico... nel traffico, in ascensore, forse andrà in analisi».
P. «Io sono figlio unico, meno problemi... però devo dire che tuo fratello mi piace!».
M. «Cosa pensa di noi?».
T. «Da quello che mi avete detto, per ora ho riflettuto sulla pipì e anche sul cibo».

P. «Durante la notte è un traffico con le lenzuola!».
T. «Capisco... è faticoso, però sarebbe utile cercare di essere più tranquilli... serve a rincuorarla, da quanto tempo va avanti il fatto della pipì».
P. «Questo è vero perché (le carezza il capo) questa piccolina si preoccupa molto. Dallo scorso anno, dall'inizio della scuola elementare».
V. «Ma mi passerà... presto».
T. «Ci vuole un po' di tempo, dovremo capire insieme come nasce questo disturbo».
V. «Mi disturba proprio tanto».
M. «È vero, perché è dispiaciuta però ...».
P. «Lei vorrebbe ingozzarla, dovrebbe vederla».
M. «Ecco, lo sapevo, me l'aspettavo che l'avresti detto prima o poi... però è difficile, io sono stata anoressica, dai 14 ai 17 anni».
T. «E come è andata?».
M. «Sono stata in psicoterapia».
P. «Guardi che è fissata», si tocca la fronte.
M. «Tu lo sei, me lo rinfacci continuamente e poi ne approfitti per offendermi». Il tono è elevato.
V. «Ecco che urlano», la bambina si tappa le orecchie. «Bestie... bestiacce».
P. «Dice pure le parolacce».
M. «Ti sorprendi... di un po' quello che sei capace di tirare fuori tu, in certi momenti».
P. «Cosa faccio!».
M. «Peggio di tuo padre, guarda che io non sono come tua madre e tua nonna che lo ossequiano».
P. «Ma io non sono come mio padre».
M. «Ti piacerebbe, eccome... lo imiti, ma con me non funziona, sa perché siamo qua, perché ho deciso io di venire, pure con l'altra terapeuta, a lui non interessava, lui non crede a queste cose, le malattie sono fisiche, e c'è la volontà!».
P. «È vero, devo dire che mi suonava strano venire qua».
T. «Come se lo spiega?».
P. «Ma penso che sia difficile fare il genitore e poi scoprire di essere incapace... non è piacevole».
T. «Naturale, però essere genitori lo impariamo su di noi e prima c'è la coppia e anche il fatto di essere stati figli».
M. «Lo sfascio vuole dire, noi siamo un bell'esemplare di frana».

Abbiamo riportato questo colloquio per riflettere sul primo incontro con un paziente in età evolutiva con la sua famiglia. Ci dà la possibilità di organizzare le informazioni raccolte e coglierne le dinamiche. Distinguiamo due livelli:

Primo livello: lo definiamo dimostrativo in quanto l'attenzione va alla bambina, paziente designata, per la quale siamo stati consultati. Ha otto anni e la stonatura dell'abbigliamento colpisce immediatamente la terapeuta: una «piccola donna» in miniatura, con problemi che vanno dal cibo all'umore, cioè urla, ride, piange, e in ultimo bagna il letto da un anno. Quest'ultimo sintomo è apparso all'entrata nella scuola elementare, mentre le difficoltà alimentari sono apparse quando aveva tre anni. «Rifiutava di mangiare, sigillava le labbra, e non inghiottiva..., quando lo sputava glielo rimettevo in bocca». Che dire di questo rapporto: è una relazione basata sull'imposizione, priva della capacità materna di comprendere quello che sta accadendo alla figlia di tre anni. È tutto ciò ha avuto larga ampiezza nel tempo perché le «reazioni agli estremi» della bambina che urla, piange, ride troppo rumorosamente, non sono recepite. L'abbigliamento, come l'espressione, non sono quelle di una bambina della sua età, bensì uno scimmiottare la figura femminile, alla quale la madre e il padre «non prestano» alcuna attenzione.

L'ambiente familiare è soggetto a conflitti che si articolano tra loro, per rivelare ad un'analisi più approfondita il massiccio investimento narcisistico sulla bambina, che si esplica mediante ipervalorizzazione del rendimento scolastico a danno delle altre espressioni, comportando una grande dipendenza della bambina, minando il bisogno di autonomia. Non dimentichiamo che nella vita sono bambine molto educate, senza capricci, ben vestite, forse sarebbe il caso di dire addobbate, quelle che spesso sviluppano un sintomo anoressico. Invece Valeria mostra altri comportamenti che per la sua età sono eccessivi, alcuni riguardano l'abbigliamento del corpo e questo indirizza verso la sfera sessuale, altri comportamenti indirizzano verso la sfera più propriamente emotiva: «le reazioni all'esterno», pianto, risa, urla, disordine, tutti elementi che indirizzano al disordine impulsivo. Le difficoltà alimentari scoppiate a tre anni rivelano un comportamento materno di marca perversa. Situazione a cui si arriva per eccesso di protezione, la madre anticipa in certi momenti i bisogni della figlia, per incapacità a percepirsi separata da lei, ma si tratta in realtà di una disponibilità che da sempre ha messo la figlia nella condizione di impossibilità a individuare i propri bisogni, e poi ad esprimerli. Il padre offre un'immagine troppo fragile o all'apparenza troppo potente, in realtà emerge un'incisiva immaturità. La bambina reagisce a volte con una sottomissione che viene scambiata per educazione e che invece sottende depressione, incapacità a ribellarsi, ma cerca in ogni modo di adeguarsi alle richieste materne, deve interpretarne i desideri. Questa madre ha sofferto a 15 anni di anoressia e questo ci fa riflettere sulle sue relazioni materne. Kestemberg nota come spesso l'atteggiamento seduttivo del padre nei riguardi della propria figlia si manifesta poco prima del sintomo e continua in seguito verso la figlia anoressica come una specie di fascinazione; questo aspetto comunque è più evidente nell'adolescenza anoressica.

Secondo livello: riguarda il funzionamento della coppia. La madre afferma di essere una donna sfiduciata, sempre impegnata a servire figlia e marito, «una schiava», come la definisce la figlia. Stanca, ossessionata dalla pulizia e dall'ordine. «Io sono debole... soffro... non ho niente...». «Mi tradiva... mi ha lasciata». Un atteggiamento masochista a cui la bambina si ribella aggredendola. «Ah... mi fate venire i brividi... l'innamorata preparava pure la colazione». Questo atteggiamento della bambina di «aggredire e scimmiottare» la madre è un modo che rivela sia l'aggressività derivante da una mancanza di limiti e sia la problematica sessuale della coppia che agisce di fondo. Affermando entrambi di aver abbandonato l'altra terapeuta: «... non ci piaceva... molto, faceva troppe domande». «È vero... e poi davanti alla bambina, non mi è sembrata attenta». Verrebbe da chiedersi: attenta a che? La madre afferma che sua figlia ha «un attaccamento sessuale troppo forte, parla sempre di far l'amore, è un'idea fissa, oserei dire maniacale». Emerge il conflitto della coppia: il padre denuncia la mancanza di rapporti sessuali, da anni. Dormono separati. Perché di notte la moglie si trasferisce in salotto? Questa coppia non ha stabilito confini con il mondo esterno: la bambina è invischiata in problematiche uomo-donna che, annullano il suo ruolo di figlia. «Bestia... bestiacce», gri-

da tappandosi le orecchie, quando i toni fra i genitori si elevano. Come funziona questa famiglia? Le pluralità dei sintomi che affliggono la bambina evidenziano difficoltà che vanno al di là del momento evolutivo che sta vivendo. È stata la madre a decidere di consultare, il padre «non crede a queste cose, le malattie sono fisiche e c'è la volontà».
Questo colloquio ci consente di riflettere su un fatto assai importante: il sintomo alimentare fa parte di una costellazione di sintomi, comunque sembra essere il più antico come manifestazione e anche quello che più preoccupa la madre, che a sua volta ha sofferto di anoressia, dai 15 ai 18 anni, quindi l'adolescenza. Ciò ci conduce a fare ulteriori riflessioni sull'identità di questa donna. Del resto il mondo la critica, l'attacca e gioca con la figlia, «la sera mi fa le coccole», una piccola donna in miniatura. Tutto questo si riflette nel funzionamento della coppia: incapacità a strutturare, come abbiamo già detto, confini adeguati, quindi afflitti dall'immaturità che li porta a non creare un vero spazio uomo-donna in grado di salvaguardare la loro identità di individui e di coppia. Ciò avrebbe chiarito il loro ruolo di genitori, evitando la confusione tra le generazioni.

d) Obesità e latenza

Osservando la maggior parte dei bambini che sono stati obesi nell'infanzia si nota che lo rimangono spesso nell'età adulta, almeno quelli che presentano una forma grave, soggetti giunti anche a modificazioni di carattere endocrino e metabolico che investono i diversi apparati.
Nell'affrontare l'obesità terremo presente soprattutto due aspetti che per la nostra indagine risultano fondamentali:

- La condotta alimentare da cui dipende il bilancio energetico.
- I fattori psicologici e relazionali, capaci di influire sulla condotta alimentare.

Quello che maggiormente caratterizza il bambino obeso è l'iperfagia e la passività. Il bambino mostra per il cibo un interesse osiamo dire straripante, e l'atteggiamento di chi gli sta attorno è spesso quello di approvarlo attivamente o addirittura rinforzare con sollecitazioni, oppure si assiste al contrario, cioè un'imposizione rigida delle restrizioni alimentari, che si manifesta in certi casi con controlli persecutori, che aumentano l'ansia e quindi rinforzano il bisogno smodato di cibo. Le madri nascondono biscotti, cioccolata e leccornie varie e i bambini diventano esperti segugi nel reperirle. A livello manifesto il comportamento alimentare appare diversificato: ci sono bambini che si gettano praticamente sul cibo, lo divorano letteralmente e l'iperfagia compare solo ai pasti che il bambino non vorrebbe mai terminare, altre volte mangia ininterrottamente, tra un pasto e l'altro manifesta un atteggiamento compulsivo verso il cibo, iperfagia e piluccamento si incastrano spesso insieme, mentre i veri eccessi bulimici compaiono in seguito e nell'adolescenza si delineano chiaramente.

Abitualmente sono bambini maggiormente propensi alle sollecitazioni orali e nascondono per vergogna le vere quantità di cibo ingoiate: mangiano fuori pasto, di nascosto, e praticamente il masticare sembra essere l'attività fondamentale della loro giornata.

«Non posso dire che a tavola si abbuffa» commenta una madre a proposito del figlio di otto anni in sovrappeso di 10 kg, «però ha sempre qualcosa in mano o in bocca».

Nella nostra esperienza clinica, a differenza degli altri disturbi alimentari, l'obesità viene spesso negata dalla famiglia e molto spesso l'idea della consultazione parte dal pediatra o dal medico scolastico, altre volte si tralascia del tutto e si adduce la motivazione alla richiesta di consultazione psicologica ad altri fattori: scarso rendimento scolastico, fobie, tic, aggressività. Tutto ciò non deve sorprenderci, in quanto l'obesità ha un percorso diverso: a differenza delle altre condotte alimentari, è uno stato alla cui formazione si arriva silenziosamente. Per il soggetto diventa l'espressione particolare del suo rapporto con l'ambiente fonte del disadattamento, ed esso accetta tale situazione preservandosi così dalla presa di coscienza di angosce disorganizzanti che andrebbero a colpirlo: la coppia dei genitori non si mette in discussione, troppo presa dalle loro conflittualità, il bambino obeso difficilmente disturba, quando accade il sintomo alimentare è spesso secondario, nel senso che è associato a disturbi del compor-

tamento che colpiscono maggiormente l'ambiente come aggressività violenta.
L'obesità è di per sé la risposta a conflittualità che costellano lo sviluppo della libido, che si strutturano nell'ambito della relazione genitori-bambini.
H. Bruch ipotizzava come in alcune forme di obesità del bambino si debba considerare l'enorme sensazione di fame *appresa* dal bambino, causata dai comportamenti materni stereotipati: madri che rispondono continuamente con il cibo ad ogni richiesta del bambino, il quale viene a trovarsi nella difficile condizione di non distinguere la fame da altre sensazioni e ciò lo porterebbe ad assumere sempre il cibo, per placare qualsiasi stato di tensione. Tutto ciò va inserito nell'ambito di un disturbo globale che investe l'organizzazione psichica del soggetto, in rapporto al legame oggettuale che simili madri strutturano con i loro figli. Abbiamo incontrato nella pratica clinica famiglie in cui frequentemente uno dei genitori presentava un chiaro funzionamento psichico di tipo psicotico, spesso una madre con pronunciate caratteristiche depressive.
Dell'andamento dei conflitti strutturati nella prima infanzia, vere sorgenti di ansia, risentono tutti i comportamenti alimentari futuri del bambino, e diventano meno controllabili quanto più il loro significato è stato nascosto dall'azione dei meccanismi di difesa. Molto spesso l'insorgenza di altri disturbi, ad esempio diabete, accentra l'attenzione sulle abitudini alimentari del bambino, fino a quel momento del tutto trascurate.
Per questo è necessario distinguere nel disturbo alimentare, ai fini del trattamento psicoterapeutico, ciò che può essere il derivato di un legame con le figure genitoriali di rottura relazionale, da ciò che invece si riferisce a conflitti di natura interna e strutturale e che derivano dalle vicissitudini dello sviluppo evolutivo. Un esempio può essere il conflitto edipico, il quale spesso comporta almeno per un certo periodo atteggiamenti regressivi, così la soddisfazione trova la sua realizzazione ricorrendo a modalità esperite nel passato che risultano a danno di quelle più evolute del presente. In questo senso le soddisfazioni orali sono mete pulsionali proibite e costituiscono il prototipo di una soddisfazione priva di conflitti come invece risulterebbe se il soggetto percorresse la via dettata dal momento evolutivo che sta vivendo.

In questo senso l'*obesità* è anche un mezzo per gestire alcune ambivalenze edipiche, nel senso che il bambino nasconde i suoi desideri edipici in quanto si interessa solo al cibo, che in alcuni casi può assumere un significato fallico e ottenere l'approvazione che non è vissuta come pericolo anche se collegata alla madre. Contemporaneamente l'*iperfagia* serve anche per esprimere le pulsioni aggressive che in tal modo vengono controllate e non dirette verso le immagini genitoriali, che in quel momento possono risultare il vero obiettivo, ma spostate su obiettivi accettabili.
Per i soggetti in età puberale l'obesità si pone sovente con la scelta dell'identificazione sessuale, come scelta a un solo sesso, tutto ciò porterebbe alla soluzione dell'identità quindi alla vera identificazione. Chiland evidenzia come l'obesità di alcuni ragazzi era il desiderio di un ideale ermafrodita, per cui il corpo era il mezzo per dichiarare la non appartenenza a un solo sesso: infatti un corpo obeso realizza un corpo maschile (sprovvisto di pene) ma con attributi femminili: seno, natiche.
Riccardo ha 9 anni, seconda media, rendimento scolastico buono, ha un sovrappeso di 15 kg.
«È buono, silenzioso...» dice la madre, «suo fratello e sua sorella stanno sempre fuori casa».
«E Riccardo?».
«Oh no, stiamo bene in casa...» lo guarda, «lui è bravo a scuola, studia, vicino a me».
Il ragazzo tace e arrossisce.
«Trascorri così i tuoi pomeriggi?».
«Sì... dopo i compiti vedo la televisione ... seguo lo sport».
«Ti piace lo sport... ne pratichi?».
«Oh no» interviene la madre, «è un po' pigro... lui non ama molto muoversi, ha sempre preferito i giochi da tavolo, poi facciamo le passeggiate, mi aiuta a fare la spesa». Gli sorride.
Abbiamo scelto queste poche righe di un primo colloquio perché evidenziano, all'esterno, l'inattività dell'obeso generata dalla passività di fondo, dalla totale mancanza di incoraggiamento all'attività fisica da parte dell'ambiente soprattutto materno, perché i padri sono spesso assenti e il legame con la madre è avviluppante.
Dalle osservazioni cliniche si nota che tali bambini hanno disagi nel vivere l'emotività, sarebbe meglio dire nel campo dell'espansione affettiva; infatti sono spesso letteral-

mente attaccati, nel senso di «adesivi», alla madre, mostrano timidezza estrema (inibizione) e timore per ogni situazione nuova non perfettamente conosciuta, perché non controllata.
Spesso sono i bambini definiti buoni e tranquilli, senza alcuna difficoltà ad addattarsi, ma sempre obbedienti e senza capricci, in verità ad un'analisi più approfondita risultano inibiti, dipendenti e l'ambiente li premia, paradossalmente, lodandoli. In alcuni casi potrebbero essere accostati ai cosiddetti *bambini santini* che in realtà vivono stati di profonda depressione. Altre volte invece l'obesità è collegata a un comportamento disturbante, che risulta aggressivo verso l'ambiente, e ciò conduce alla consultazione psicologica perché disturbante.
Mario ha 10 anni, è in sovrappeso di 12 kg, frequenta la quinta elementare, un vero uragano: a scuola litiga con i compagni e spesso ricorre alle mani a casa. Primo di tre fratelli, non è da meno. «Mangio tutto, faccio prima dei miei fratelli caimani», commenterà nella seduta di scenotest.
Esiste poi *l'obesità evolutiva* in cui il comportamento alimentare è associato alle molte difficoltà di sviluppo della personalità e che spesso possono evolvere verso forme più gravi di patologie come quelle psicotiche. A questa età i segni sono evidenti anche nel comportamento. L'obesità quindi può assurgere al ruolo di *protezione*: fornisce vantaggi secondari, nel senso di bloccare conflitti profondi fungendo da protezione, un mezzo per sedare le ansie incontenibili. Comunque fin dalla prima infanzia l'obesità può fare il suo ingresso. A volte nascono controversie riguardo ai fattori emotivi che la causano. Il soggetto si trova in trappola, soprattutto a quest'età, in cui inizia l'apertura verso l'esterno che si amplierà nell'adolescenza, e che necessita invece di un vissuto armonico con il proprio corpo, con la propria immagine: mangia per sedare le sue ansie, nell'approcciare gli altri si trova in difficoltà per il suo peso.
Il legame tra famiglia e bambino è talmente stretto da impedire a quest'ultimo lo sviluppo della sua *identità individuale*. Nel versante dell'affettuosità all'apparenza la madre dell'obeso *accetta il suo bambino, è troppo buona, nel senso che offre continuamente cibo, in verità non avverte i suoi bisogni o i tentativi di esprimersi*, ma è lui che mostra attraverso il cibo il bisogno continuo materno di verifica del-

le capacità. Infatti il disturbo di identità spinge la madre a una verifica continua, che trova la riprova nell'appagamento nutritivo del proprio bambino, in quanto la sua fragilità non le consente di sopportare il pianto, le lamentele quando si tratta di bambini piccoli, perché la confronterebbero alle sue capacità. Quando si tratta di soggetti in età di latenza, le difficoltà materne e paterne sono più chiaramente individuabili attraverso il funzionamento della coppia.

Comunque, il rapporto che lega questi bambini alla madre è di un'angoscia che potremmo definire silenziosa. Sono estremamente immaturi e dipendenti da lei e, spesso mostrano una consistente inattività che blocca ogni loro possibilità di azione.

Forse è utile scendere in dettagli: madri che vestivano, svestivano e infilavano le scarpe ai loro figli di 10-11 anni e loro, i ragazzi, partecipavano a tutto quanto con perfetta naturalezza, muovendosi come fossero marionette.

Un'indagine più approfondita evidenzia dozzine di comportamenti, nell'arco delle loro giornate, improntati alla passività. L'essere vestiti, nutriti, in così tarda età traduce in realtà, attraverso la contraddizione, come nella realtà questi bambini mancano di un vero nutrimento affettivo, e il comportamento dello loro madri è solo esterno.

Sergio 11 anni, aspettava pazientemente che la madre gli servisse la quantità di cibo da lei desiderata, naturalmente straripante nel piatto. Durante il colloquio, in queste situazioni, balza evidente il comportamento anticipativo e di sopraffazione di queste madri, infatti si sostituiscono continuamente al figlio, rispondono al suo posto e sempre naturalmente con molta bontà.

L'inattività dell'obeso è estesa a tutti i campi, è strettamente causata dall'insicurezza che gli suscita timori nell'avere contatti con gli altri coetanei e adulti e dal pericolo costituito dalla separazione, la madre soprattutto è per questi soggetti la fonte continua di riferimento.

Il clima familiare in cui vive il bambino obeso (Ricerche della Bruch) è pervaso da forti tensioni causate dal disaccordo per nulla mascherato dei genitori, puntualizzato a volte da disprezzo aperto e litigi violenti. Le madri, fortemente ansiose e perciò insicure, tendono a iperalimentare il loro bambino perché incapaci di essere madri veramente affettive per cui oltre all'eccessiva protezione sviluppa-

no un'attenzione costante per il cibo, che diventa sostituto di affetto e sicurezza, perciò la investono emotivamente in modo esagerato. Sono madri che hanno fortemente represso la propria sessualità e la veicolano in forma «sublimata» sul proprio bambino. Inoltre queste madri rivelano spesso atteggiamenti ipocondriaci: si preoccupano esclusivamente della salute fisica del figlio, contagiando assai presto anche i figli stessi, e ogni comportamento che le possa allontanare da loro, spesso anche le amicizie dei coetanei, costituisce un motivo di minaccia al possesso del figlio/a.
I terapeuti che si occupano di bambini obesi sanno bene quale atteggiamento ambivalente tali madri sviluppano, molto presto nei riguardi della terapia e naturalmente della loro persona. Frequentemente già nella richiesta della terapia si manifesta la negazione dell'obesità e di tutto ciò che riassume, in quanto di fronte alla sua manifestazione chiara la motivazione adottata per la consultazione viene riferita ad altri disturbi: scarso rendimento scolastico, timidezza, ecc. La loro ambivalenza si manifesta nell'ostilità mal celata con cui cercano di *sorvegliare* il terapeuta dandogli consigli o chiedendo spiegazioni, consigli.
Alla terza telefonata di una madre di un ragazzo obeso di 11 anni, in cui diceva di voler riferire dettagli importanti sul comportamento scolastico del figlio, invitata a parlarne alla presenza del ragazzo, si è presentata dopo tre settimane allarmata per il fatto che il ragazzo aveva espresso il desiderio di fare i compiti con il suo compagno di banco, mentre da sempre era lei a sedere all'altro lato della scrivania.
I padri sono criticati dalle madri per la loro incapacità e per questo disprezzati e si chiede ai figli di non emularli, ma di diventare migliori. Madre e figlio formano una coppia.
Il bambino obeso viene quindi a trovarsi totalmente ricoperto dai desideri insoddisfatti della madre e sprovvisto dell'appoggio paterno, senza legami profondi con lui che anzi appare totalmente estraneo ai bisogni del bambino, distaccato.
L'attenzione va portata sugli scambi che regolano le interrelazioni familiari. Dagli studi di Lidz, le interazioni colte nelle famiglie con membri schizofrenici hanno fornito l'occasione per rilevare la stretta somiglianza delle distorsioni della comunicazione riscontrate nell'obesità.

In entrambi i nuclei familiari, il bambino è usato quale mezzo per completare la vita deludente e frustrante dei genitori, e soprattutto per mantenere il matrimonio, la non completa identificazione nel ruolo sessuale e quindi i fragili confini fra le generazioni.
Praticamente significa che il genitore non è in grado di essere un modello di identificazione per il bambino, non è in grado di reggere l'investimento che porta alla identificazione psichica, appunto perché non riesce a stabilire limiti fra se stesso e il bambino, limiti dettati dal suo disagio profondo.
Ed è per questo che viene compromessa l'autonomia del bambino, perché l'eccessiva protezione non ne permette il distacco.
Quando ci troviamo dinanzi a soggetti della prima infanzia, la psicoterapia elettiva dovrebbe essere il trattamento genitori-bambino, ma tenendo presente il funzionamento della coppia è risultato utile un trattamento congiunto dei genitori. Infatti la famiglia di soggetti obesi è molto esplicita nell'intralciare il trattamento o nell'interruzione prematura, anche perché la richiesta di consultazione, e quindi la motivazione al cambiamento del loro bambino, è molto spesso partita da altri e non da loro stessi.
Credo sia utile, dopo le quattro sedute riservate alla diagnosi, procedere con un chiarimento degli obiettivi da raggiungere, che non devono cristallizzarsi solo al calo del peso come invece viene richiesto. Infatti molti genitori mirano esclusivamente alla *dieta* e questo è un punto veramente dolente per il soggetto perché i legami emotivi, già esagerati con i genitori e soprattutto con la madre, aumentano di intensità, a volte soffocanti, per il serrato controllo dietetico, mentre la terapia deve allentarlo e realizzare l'autonomia.
Personalmente non abbiamo mai considerato il problema dieta perché il peso è la conseguenza dei problemi più seri della personalità e il trattamento deve essere incentrato su di essi. Teniamo presente che il peso ponderale ci riporta alle operazioni difensive messe in atto dall'individuo, per cui il lavoro psicoterapeutico deve mirare a realizzare un nuovo equilibrio e non a creare ulteriori danni. L'obeso mangiando cerca di sedare l'ansia scaturita dalla negazione di emozioni negative che la sottendono. Sono soggetti che, a seconda del livello di funzionamento psichico rag-

giunto, non hanno potuto sperimentare emozioni quali rabbia, collera, che invece sono stati costretti a reprimere.
«Mia madre mi preparava cene sostanziose...» commenta Carlo, un giovane obeso di quasi 15 anni.
Alla richiesta di spiegare il pasto, dice: «Due bistecche con sopra quattro uova... è sempre stata preoccupata delle malattie polmonari». Nel colloquio con la coppia emergerà che il nonno materno aveva avuto una lunga e pesante tubercolosi, quando la madre aveva 6 anni.

e) Anoressia e latenza

Spesso a quest'età l'anoressia insorge all'improvviso, per un periodo determinato e nella maggior parte dei casi, tranne quando esplode in forme veramente gravi, passa per inappetenza e per «stanchezza» momentanea. In realtà un'analisi più approfondita rivela un disagio affettivo, ben nascosto da un comportamento adeguato, perché si tratta di soggetti intelligenti e socializzati dal rendimento scolastico ottimo. All'investigazione psicodinamica risultano non così disorganizzati da giustificare una tale sintomatologia.
L'attenzione dello psicoterapeuta dovrebbe essere spostata sui legami interrelazionali, per comprendere se ci troviamo di fronte a forme di anoressia che già (Baldassarre, *op. cit.* p. 85) abbiamo definito traumatiche, cioè risposte anoressiche funzionali a traumi che il soggetto si trova a vivere, oppure ha vissuto, e all'intensità dei quali reagisce con risposte somatiche violente, ma anche evidenti. È il caso delle famiglie incestuose, oppure di quelle che abusano psicologicamente del proprio figlio. Uno dei genitori è violento nell'atteggiamento e l'altro è incapace di proteggere il figlio. Si tratta di famiglie che all'apparenza possono offrire una facciata di stabilità, ma in realtà le conflittualità sono insabbiate, e la bambina ne fa le spese, perché l'attenzione dei genitori è centrata su di lei, spostandola in questo modo dalla coppia.
La madre è potente, tirannica, insoddisfatta del marito più fragile e passivo, quest'ultimo si difende lasciandole le redini della conduzione familiare
L'estraneità affettiva si viene a configurare in una dinamica relazionale sempre più povera di autentici contatti emo-

tivi all'interno dello scambio relazionale, con l'unica preoccupazione di conservare una facciata rispettabile.
La bambina si trova perciò intrappolata, incapace di attuare una vera differenziazione dalla madre, ma vive il proprio corpo in simbiosi con lei: la conseguenza è la difficoltà a elaborare le sue emozioni. La bambina all'apparenza sembra evoluta, in realtà rivela una regressione comportamentale di origine affettiva che tradisce una dipendenza eccessiva dai genitori, che la spinge spesso a una richiesta esagerata della loro approvazione.
Il doppio legame instaurato tra i genitori e figlia mette quest'ultima in un vicolo cieco da cui può uscire solo attraverso una profonda regressione, in quanto i genitori stessi non hanno mai risolto i legami antichi con la propria madre, e con i loro atteggiamenti ne impediscono l'emancipazione propria dell'età. Nel caso dell'anoressia, sarà evidente, soprattutto con i soggetti adolescenti, come padre e madre riversano sulla propria figlia i propri conflitti materni, da qui scaturisce l'ambivalenza da cui la figlia viene sommersa.
Il lavoro terapeutico deve riportare quest'ultimo aspetto all'interno di ciascuno dei componenti della famiglia. Non appena la terapia comincia a mettere in discussione il comportamento perfetto del soggetto, suscita un vespaio di confusione, è il momento più pericoloso, quello della fuga, perché entrambi i genitori reagiscono alla perdita di controllo sulla propria figlia, che in realtà traduce la perdita del proprio controllo pulsionale.
«Mia figlia dopo un mese di psicoterapia... è irriconoscibile» dice al telefono una madre, «va vestita in un modo». Le viene fatto notare che data l'importanza dell'argomento non se ne può parlare al telefono.
«Sono occupata ora con gli scrutini (è insegnante di lingue), poi ne parleremo».
Al colloquio con la figlia, anoressica di 11 anni, emerge l'accaduto: «È piombata in camera mia all'improvviso, dice che da un po' di tempo non sono mai pronta, ha fatto una scenata». Silenzio.
«Cos'è accaduto?».
«Ha visto i jeans sul letto, ce li avevo messi prima, sono un po'... vecchi. Ma non ha telefonato qui?...».
«Sì, e mi ha detto che sei irriconoscibile...».
«Lo so... perché urlava, nel corridoio... dovevamo andare dai R... e con i jeans diceva che ero impresentabile».

«E tu che ne pensi?». Lungo silenzio.
«No... non lo so... mia madre ha buon gusto... è così carina con me... certe volte».
Puntualizziamo meglio il clima di questo tipo di famiglia. La paziente è cresciuta in una famiglia con un modello altamente invischiante riguardo alle relazioni interpersonali. Un clima privo di confini idonei a limitare i bisogni e i desideri personali fin da prima del loro esprimersi, per cui il soggetto attribuisce a quelli altrui il primo posto, reprimendo o subordinando i propri, sempre alla ricerca dell'approvazione dell'altro. Il rendimento scolastico di questa giovane paziente è eccellente, ma non studia per se stessa, per imparare, ma per essere approvata, e soprattutto essere all'altezza delle aspirazioni dei genitori, che la vorrebbero medico e parlano già del suo futuro. Non dimentichiamo che ha 11 anni.
Si potrebbe obiettare che dinamiche di questo tipo agiscono spesso nelle «famiglie psicosomatiche». Però nel caso dell'anoressia, la concentrazione dei genitori si riversa sulla figlia, ipervigilando sul suo benessere, l'attenzione continua della madre produce nella figlia un'attenzione particolare per ciò che fa, sviluppando così un perfezionismo esagerato, ossessivo, perché ogni comportamento del soggetto va al vaglio attento, è acutamente criticato. Del resto la paziente sorveglia i propri genitori per verificare l'effetto che il suo comportamento produce, potremmo dire «sempre presente a se stessa». Tutto questo limita le sue iniziative e struttura una forte dipendenza che colpisce ampi spazi del suo funzionamento psichico, con risvolti psicologici e corporei davvero intensi, in quanto sottoposti a una sorveglianza ininterrotta da parte dei genitori, naturalmente tutto passa per interesse e affetto, ma nella figlia, ancora bambina, si struttura un'inadeguatezza profonda, tralasciando bisogni e capacità personali.
Quello che balza immediatamente agli occhi sono le difficoltà di questi soggetti a socializzare con i coetanei, a integrarsi con il gruppo. Fin dalla latenza la ragazza inizia un lento e graduale distacco dalla famiglia che nell'adolescenza la porterà a nuove identificazioni che la separeranno dai genitori. Se da parte della famiglia non c'è, a questa età, un comportamento di sostegno che consente alla figlia di socializzare, il rischio è che questi soggetti arrivano all'adolescenza totalmente impreparati e, nelle patologie più gra-

vi, mostrano di passare direttamente all'età adulta senza vivere il passaggio di «crisi normale» che comporta l'adolescenza.
L'anoressica invece non è in grado di «uscire» dai confini familiari per confrontarsi con il mondo esterno, rimane ancorata al passato, ai genitori che a loro volta reagiscono ipercoinvolgendola: tutto ciò realizza il doppio messaggio di donna-bambina.
I confini che la separano dal resto del mondo ne escono rafforzati mentre quelli tra i genitori e le loro famiglie di origine rivelano ancora una *forte dipendenza,* cioè l'affiliazione. È questo il disagio che sovrasta la coppia dei genitori con una figlia anoressica: fin dal suo costituirsi il nuovo nucleo non è stato in grado di porre limiti e ruoli precisi. Molto spesso vediamo come nella nuova famiglia si riproduce lo stesso modello della famiglia del passato: uno dei genitori, quello che maggiormente ha conservato il rapporto più stretto con la sua famiglia di origine, può riversare sulla bambina lo stesso processo di affiliazione, alleandosi con lei contro l'altro coniuge. Oltre all'attenzione continua al cibo, in queste famiglie riscontriamo una vera attenzione anche alle funzioni corporee e ciascuno lamenta i propri disturbi fisici.
Il legame della coppia genitoriale del bambino che presenta disturbi alimentari rivela spesso uno scompenso dell'equilibrio di cui ora cercheremo di delineare il grado attraverso il funzionamento psichico. Comunque lo scompenso della coppia, a livello di gravità, influisce sul tipo di disturbo alimentare e soprattutto sulla sua intensità.
Affronteremo in primo luogo l'*anoressia* che colpisce bambini nel periodo della latenza. In questa si riscontra una personalità materna che gioca nella famiglia il ruolo decisamente *forte,* e quindi accentrato, che con il suo atteggiamento profondo e manifesto accentua i desideri orali e poi non li soddisfa, perciò risulta il personaggio di primo piano, fredda, ansiosa e molto rigida, spesso con tendenza ipocondriaca. Si configura come una personalità avvolgente e poco disposta a *perdere* il possesso della propria figlia, tanto è vero che all'inizio della terapia si dimostra totalmente disponibile e *affida la propria figlia al terapeuta salvatore* per poi *riprenderla* quando si sente minacciata dai primi segnali di separazione che si profilano, anche se molto lontani, il suo narcisismo non consente la separazione, non permette di essere contraddetta.

Il padre non è una vera figura protettiva, ma piuttosto debole, escluso dalla posizione che dovrebbe rivestire nella famiglia, spesso viene vissuto come ostile, incapace di contrastare e quindi contenere l'espansione materna. Da questa dinamica di coppia traspare all'esterno un ambiente vitale, senza eccessive scosse o problemi particolari, per rivelare ad un'analisi più approfondita il massiccio investimento narcisistico sulla bambina che si esplica mediante ipervalorizzazione del rendimento scolastico a danno delle altre espressioni, comportando una grande dipendenza nel bambino, minando il bisogno di autonomia (non dimentichiamo che sono nella vita bambini molto educati, senza capricci, ben vestiti, forse sarebbe il caso di dire addobbati). Situazione alla quale si arriva per eccesso di protezione, la madre anticipa i bisogni della figlia, per incapacità affettiva, e il padre offre un'immagine troppo fragile o all'apparenza troppo potente. Il bambino reagisce con una sottomissione che viene scambiata per educazione e che invece sottende depressione, incapacità a ribellarsi, ma cerca in ogni modo di adeguarsi alle richieste materne.
Kestemberg nota come spesso l'atteggiamento seduttivo del padre nei riguardi della propria figlia si manifesta poco prima del sintomo, e continua in seguito verso la figlia anoressica come una specie di fascinazione; questo aspetto comunque è più evidente nell'adolescenza anoressica. Si potrebbe dire che il rapporto di coppia gioca la dinamica sado-masochistica.

f) Transfert e controtransfert

«Che cosa pensi del transfert?» chiese Freud a Jung.
«L'alfa e l'omega del metodo analitico» rispose Jung.
«Hai colto la cosa più importante» ribattè Freud (Word and image, 1979).
Che cosa sono le traslazioni si chiedeva Freud trattando il caso di Dora. Sono reazioni, copie degli impulsi e delle fantasie che devono esser risvegliate e rese coscienti durante il processo dell'analisi in cui (ciò è la caratteristica dominante) alla persona della precedente esperienza viene sostituita quella dell'analista. Nel senso che lontane esperienze sepolte nel passato dell'individuo tornano a gravitare con il loro influsso nelle relazioni del presente, la psi-

canalisi non crea reazioni transferali, le porta semplicemente alla luce (Greenson): analizza le emozioni trasferite sulla persona dello psicoterapeuta Tale fenomeno è inconscio, e l'origine del transfert risiede nelle persone significative per l'individuo della prima infanzia (Anna Freud, *op. cit.*, 1936, p. 26). Il transfert è un fenomeno che abbraccia tutti gli individui, nevrotici, psicotici, al limite e anche normali, indipendentemente dall'organizzazione di personalità, perché ogni relazione umana è caratterizzata da reazioni transferali. Esse gettano ampia luce sulla forza o sulla debolezza dell'Io, sul grado di strutturazione raggiunto, se ha beneficiato di un «maternage abbastanza buono» (Winnicott, *On Transference*, 1955) ed è perciò capace di stringere rapporti con oggetti totali. La regressione presente nel transfert può essere parziale, temporanea o molto grave, perché gioca un ruolo determinante il grado evolutivo raggiunto dalla personalità.

Dobbiamo soprattutto agli studi della scuola psicoanalitica britannica l'aver ampiamente dibattuto e approfondito questo tema che risulta il cardine della teoria psicoanalitica, ed averlo ben chiaramente differenziato da quello di alleanza terapeutica. Furono i contributi di M. Klein e di A. Freud, a proposito del trattamento di tale fenomeno, a valorizzare il significato di strumento terapeutico, anche se notiamo tra loro punti divergenti. Infatti per la Klein il bambino avrebbe la capacità immediata di trasferire sulla persona dell'analista «i propri oggetti interni», finanche più immediata di quella dell'individuo adulto, per lui il trattamento infantile risulta essere una vera cura psicoanalitica da cui trarre molti utili suggerimenti per il trattamento dei pazienti adulti.

Per Anna Freud, invece, l'analisi dei bambini sarebbe un'applicazione di quella degli adulti in quanto per il bambino, non avendo completato la sua evoluzione, il rapporto con gli oggetti originari non è del tutto esaurito. In seguito però verrà riaffrontata la questione riconoscendo il transfert del bambino, rimane insoluto l'interrogativo riguardo a che cosa il bambino trasferisce sulla persona dello psicoterapeuta. Se il punto focale del trattamento psicoanalitico dell'adulto è risolvere la nevrosi da transfert che riporta nel vissuto attuale la vecchia nevrosi infantile, qui si chiede che cosa il bambino trasferisce sulla persona dello psicoterapeuta e come avviene, visto che si tratta di qualcosa che

sta vivendo al momento attuale, per lui lo sviluppo evolutivo non è concluso e la sua evoluzione è ancora in atto.
Per la Klein fin dall'inizio il bambino riporta in tutte le relazioni i suoi oggetti interni, che hanno subito trasformazioni a causa delle interazioni con l'esterno, quindi diventa materiale di transfert tutto quello che è sfuggito alla trasformazione immaginaria e simbolica, e non ciò che scaturisce dall'esperienza emotiva diretta del bambino.
Nel trattamento psicoterapeutico dei bambini il terapeuta immediatamente si trova immerso a livelli molto profondi della vita psichica, ma si tratta anche di livelli primitivi, dai quali si comincia a costruire *il significato*. Movimento differente rispetto a quello che si verifica nel trattamento di pazienti adulti, in cui si attua una regressione a stadi infantili, con la conseguente proiezione dei propri vissuti.
Il transfert infantile si pone quindi in rapporto con il funzionamento psichico, con tutto l'universo mentale del bambino che si trova a sperimentare continue trasformazioni in quanto *l'identità* non ha ancora raggiunto uno statuto definitivo: il processo primario non ha ancora esaurito del tutto la sua azione, ma impera su molte modalità del pensiero.
A differenza del paziente adulto, nella relazione bambino-terapeuta, i genitori entrano nel campo transferale non solo come produzione fantasmatica ma anche nell'interazione diretta.
Abbiamo già considerato come fatto rilevante a proposito del disagio infantile che sono i genitori a chiedere e permettere che il trattamento avvenga, comunque tutti questi aspetti fanno parte della richiesta cosciente che agisce sulla relazione con il terapeuta e li pone in un'area ben precisa del setting. Inoltre essi fanno parte della produzione dei contenuti inconsci del trattamento terapeutico, che sfuggono a ogni controllo reale perché inconscio. Perciò i genitori non svolgono solo il ruolo vicariante dell'Io, che sostiene ed esprime le esigenze del bambino, ma vengono coinvolti contemporaneamente nel trattamento, nella relazione bambino-terapeuta. Questa riflessione ci è utile per precisare il fatto che nella terapia infantile ci troviamo di fronte non solo al transfert scaturito dalla relazione bambino-psicoterapeuta, ma a un vero *intreccio transferale*, una *rete* quindi in cui è coinvolta anche la coppia dei genitori nella quale confluiscono contenuti inconsci di ciascuno. Il

lavoro terapeutico dovrebbe tener presente ed utilizzare questo intreccio dando contributi nuovi alle rappresentazioni e alle emozioni manifeste e nascoste, creando in tal modo circuiti differenti che coinvolgono da un lato il livello intrapsichico e dall'altro quello interpersonale.
La famiglia «fuori la porta» svolge un ruolo fondamentale che non può esser tralasciato perché risulta fondamentale non solo nello strutturare la relazione terapeutica ma influenza in modo decisivo l'evoluzione del mondo fantasmatico del figlio/a, e la sua presenza reale e continua ne determina l'evoluzione. Se il paziente adulto «fa i conti» con le figure interiorizzate, il bambino si trova dinanzi anche quelle reali dalle quali dipende e con le quali interagisce ogni giorno.
Dobbiamo precisare che non emerge solo il mondo privato di ogni singolo genitore, cioè le difese, i conflitti, ma la loro relazione di coppia, la rete di legami che la struttura, il rapporto tra bambino immaginario e reale, la posizione che egli riveste nell'ambito della stessa coppia. Molto spesso la relazione tra genitori e psicoterapeuta è stata affrontata in termini di alleanza terapeutica, uno spazio *a latere* del processo terapeutico che consente il suo svolgersi, francamente questo ci sembra un po' superficiale, nel senso che parlando di transfert, ci sembra più preciso chiarire l'apporto emotivo affettivo del loro ruolo, *aspetto che accelera il cambiamento*. Basti considerare quello che avviene durante il trattamento psicoterapeutico di un bambino o di un adolescente: dagli attacchi dei genitori alla terapia con comportamenti di invasione, di critica o di rottura che di conseguenza suscitano reazioni controtransferali nel terapeuta, a situazioni in cui si instaura un filo di intesa, immediatamente, che agevola il cambiamento; lo psicoterapeuta si trova immerso in un sistema dinamico a livelli differenti di profondità che di volta in volta lo portano a giocare ruoli diversi, toccando le sue corde personali. Consideriamo poi un altro aspetto: lo psicoterapeuta deve confrontarsi non solo con i vissuti consci, ma con il peso dell'investimento fantasmatico che ciascun genitore fa sul proprio figlio/a, e ciò dipende dalle relazioni affettive sperimentate, traspare poi il tipo di relazione che lega i partner, la coppia, e come tale legame è vissuto dal bambino.
Dobbiamo tener presente un altro aspetto: *l'esistenza di uno spazio per l'immaginario del paziente*. Nel caso di soggetti

in età evolutiva, questo spazio investe anche l'immaginario dei genitori, per cui la nostra attenzione va alle loro parole, infine al rapporto tra parole e comportamento, da cui emerge il loro vissuto. Tutto ciò ci porta a considerare il «passato» emotivo dei genitori e ciò che li spinge a comportarsi con il bambino, le direttrici che essi seguono. Le vicende del transfert positivo o negativo sono legate non solo al paziente ma anche alle capacità empatiche e di «distacco» dello psicoterapeuta. Perché il transfert e il controtransfert sono il motore propulsore del trattamento, se lo psicoterapeuta è in grado di «viverli» comprendendo ciò che sta accadendo, altrimenti diventano motivo di confusione. Per non incorrere in simili avvenimenti, il rispetto del setting, delle sue regole ci consente di comprendere quello che sta accadendo e favorisce la scelta della strategia terapeutica adeguata, che si manifesta negli interventi dello psicoterapeuta. E dal momento che il lavoro terapeutico riguarda bambini e adolescenti, non va tralasciato che il trattamento investe l'equilibrio dell'intera famiglia che nell'affrontare il disagio del proprio figlio si trova a denunciare il suo squilibrio, ma anche a dover cercare nuove forme di equilibrio.
Ha il suo peso il grado di psicopatologia in cui ci imbattiamo, perché la relazione bambino adolescente con il terapeuta, agisce sui comportamenti della famiglia scatenando vissuti che vanno dal segreto alla cospirazione, all'alleanza. Alla fine della seduta (la quarta dall'inizio del trattamento), troviamo la madre di Fabio, 9 anni, dietro la porta; sta origliando, aveva chiesto di rimanere in sala d'attesa.
«Cosa succede?» chiediamo.
«Volevo sapere... cosa vi dite, lui non parla con me, e poi le bugie».
Comportamenti di questo tipo rivelano aspetti profondi che intervengono non solo nel rapporto madre-bambino, ma anche terapeuta-madre e bambino e fanno sentire il suo peso nella relazione terapeutica.
Riflettiamo su questa seduta:
Luca, 6 anni, prima elementare, inappetenza e aggressività, a volte incontenibile, con rituali di marca ossessiva, sono i sintomi che lo hanno condotto alla consultazione.
Suona due volte, con forza, come al solito.
Silenzioso si infila nella stanza, senza rispondere al salu-

to, rivolge uno sguardo serio. Ha in mano un enorme robot con le ali. Si toglie il giaccone e poi si precipita sul tappeto. «Giochiamo».
«Sì, certo».
«È uscito da te il signore alto?» allunga il braccio per indicare l'altezza dell'uomo.
«A chi ti riferisci?»
«Il signore altissimo che ho incontrato al portone, allora non è stato con te (arrossisce), allora non è venuto a trovarti. Dai prendiamo le bambole». Afferriamo i personaggi che lui sceglie dalla cassetta delle bambole. «A cosa sta pensando?» chiede.
«A quello che mi hai chiesto».
Sorride. «Sono un po' curioso io... questo è il tuo studio... che nel palazzo ci stanno altri studi?... Però se uno toglie queste cose» indica gli oggetti attorno, «può anche diventare una vera casa... è grande... bisogna metterci un bel letto qui, e la cucina c'è, si può fare pure il bagno, c'è la vasca e poi si può mettere un altro *letto grande* nell'ultima stanza quella sempre vuota, di... scusami» si alza di scatto, «devo proprio andare in bagno a fare pipì».
Penso a ciò che Luca ha espresso, la seduta precedente prima di uscire lui mi aveva chiesto: «Ma tu ce l'hai una casa?».
«Ma certo» ho risposto (mi sono tornate in mente le case della mia vita).
«Eccomi. Sai che penso, la libreria si può lasciare, nella mia casa c'è».
«Ti piace?».
«Sì, però mi sembra un pochino troppo piena la tua, a casa mia è più piccola, ci stanno le piante e gli oggetti, le statue che papà ha portato dall'Africa».
«Anche tu sei stato in Africa» osserviamo
«Sì che ci sono stato, potresti allungarmi il disgraziato» indica il bambino a cui la volta precedentemente ha quasi staccato la testa.
«Perché è disgraziato?».
«Che vuoi, quei due» indica la coppia dei genitori, «litigavano sempre, a lui è scoppiato il cervello».
«Ti riferisci ai tuoi genitori. Credo».
«E sì... che urlavano e poi lui scappava di casa per un po'... poi tornava... la sera».
(Penso a casa mia).
«Tu dove abiti? Voglio dire casa tua è lontana da qui?».

«Non troppo».
«Si può venire a piedi allora?».
«Certo. Se hai voglia di fare una passeggiata».
«Casa mia è molto lontana, mi accompagnano con la macchina, non è proprio casa nostra». Allunga il bambino sul tappeto e afferra la bambola madre che stende accanto a lui, poi i due si abbracciano.
«Come non è casa tua!».
«Sì, ce l'hanno prestata i nonni, mia madre ci stava da piccola». Silenzio. Fissa la bambola e poi all'improvviso si accartoccia su se stesso. (È molto tempo che non assumeva questa posizione. Penso a un feto, alle sensazioni di abbandono che mi suscitava all'inizio). Fisicamente mi faceva tornare in mente un bambino autistico, incapsulato su se stesso.
«Cosa succede Luca?».
«Non lo so... tu che pensi?».
«Sono tornati...».
«Sì le cose, brutte idee tornano». Smette di dondolarsi. «È che loro parlano di cambiare casa... di comprarne una... quelli non trovano pace».
«Tu cosa vorresti?».
«Questa casa, sta vicino alla scuola... aspetta (chiude gli occhi un momento), finalmente mi sono ricordato, ora scommetto che ti metterai a ridere... guarda!».
«Una carta d'identità!», la tira fuori dalla tasca.
«Ce l'ho da tre giorni».
Mi racconta che è stata la madre, una sua idea, con il padre l'hanno riempita. «Cos'è questo? Non capisco la grafia».
«Ai segni particolari, ci ho scritto cicatrice».
«Quale cicatrice?»
«Questa» indica il sopracciglio, «ne ho tanti di segni, quando mi battevo la testa, ora no, con te...» ride. «Guarda Federica».
«E chi è Federica?».
«La mia compagna... te l'ho detto».
«Come va con lei? Sei riuscito a invitarla».
«Si è venuta alla festa, però non riesco a dirle le cose».
«Cosa vorresti dire?». Fissa la donna stesa sul tappeto e le passa una mano sul capo accarezzandola.
«Beh, anche quando siamo soli, a ricreazione, non ho detto che mi piace».

«Chissà perché!», osserviamo.
«Ti pare facile».
«No, anzi a volte può essere difficile parlare dei nostri pensieri».
«E perché?».
«Perché a volte può essere difficile esprimerli». Sorride.
«È che mi vergogno!», ride. «Dimmi, tu ti diverti?».
«A fare cosa?».
«Oh, oh», ride. «Non mi prendi mai in giro, vero? Però se glielo dico quella magari lo racconta ai compagni, quelli allora mi fanno gli scherzi e quando mi salvo!».
«Perché dovrei prenderti in giro? E naturale provare sentimenti...».
«Di', di'». Afferra l'uomo e lo pone steso accanto alla donna. «Quando mi arrabbio io vedo rosso, blu, giallo. Anche le donne provano sentimenti... Ah! Grandi, grandissimi... peccato!», Afferra l'uomo e lo stende sulla donna che l'abbraccia, contemporaneamente serra la mano della donna a quella del bambino. Poi fa rotolare i due corpi mentre il bambino rotola con loro, in aria.
«Cosa succede?», chiedo.
«Oh, niente di grave, una famiglia perfetta! Vanno come la trottola, come si può vedere. Abbiamo già finito! Che peccato! È passato presto il tempo oggi». Si infila la giacca. «Di'... hai registrato questo incontro?».
Annuisco.
«Serve per riflettere».
«Proprio così».
Afferra il citofono. «Ciao papà sto scendendo. Arrivederci» e se ne va, sulle scale si gira e alza la mano in segno di saluto.

Riflessioni: Sale da solo le scale, ma appena arriva afferra il citofono e dice «Ciao, ciao», è suo padre che l'accompagna. «Lo faccio perché con lui, perché dopo andiamo al campo». Ha detto nell'ultimo incontro. È un'abitudine che ha preso da quasi un mese, prima saliva le scale adagio e guardava se ero sulla porta, spesso chiedeva: «C'è qualcuno, devo aspettarti?». Nonostante non abbia mai incontrato alcuno il timore di dover aspettare se c'è qualcuno, rivela il suo problema del possesso. La domanda diretta tradisce più preoccupazione che curiosità. «È uscito da te il signore alto?... allora non è stato con te». L'osservazione e ancor più la reazione somatica, arrossisce, rivela le emozioni «traslocate» sulla persona dello psicoterapeuta. La libertà dell'espressione e anche il legame di fiducia che sostiene la relazione terapeutica, permette al giovane paziente di far affiorare il suo bisogno-desiderio: conoscere la vita della terapeuta e la spinta a trasformare lo studio in casa, arredarla fino alla stanza da letto, è anche un modo per localizzarla. Il passaggio cucina, bagno, letto ci sembra rilevante, e anche molto impegnativo per lui, che, si potrebbe dire, agisce l'emozione che ne deriva «devo andare in bagno a fare pipì». È un bambino di 6 anni, e gli elementi edipici vengono manifestati nell'affettività materna che trasferisce sulla psicoterapeuta, con le caratteristiche tipiche della curiosità e della gelosia. La sua difficile posizione, il disgraziato, lo colloca tra i genitori che a volte litigano furiosamente; il padre più volte è uscito di casa sbattendo la porta, tanto che il bambino ha iniziato a pensare che non sarebbe più tornato, pensiero che per lui è diventato insopportabile quando il padre è partito per lavoro. In quel periodo ha iniziato a sbattere il capo contro la parete. Notiamo come accanto al linguaggio verbale si sviluppa quello gestuale, ugualmente intenso di contenuti affettivi, anche più forti. Il personaggio madre steso abbraccia il bambino. Poi di colpo Luca si accartoccia su se stesso, si abbraccia le ginocchia, lo sguardo tradisce una forte preoccupazione. I genitori vogliono cambiare casa ma per lui «quelli non trovano pace». Emerge il vero conflitto che sta vivendo: non c'è garanzia di sicurezza per lui, gli scontri tra i genitori lo hanno destabilizzato. Dall'inizio la difficoltà ad esprimere le angosce è diminuita, e parlandogli della difficoltà ad esprimere i pensieri, lo aiutiamo a comprendere il suo stato e a trovare il modo, le parole per poterlo fare. La gestualità è ancora più indicativa, perché nel gioco passano scene che evitano il controllo imposto dalla censura. Da un lato costruisce una scena d'amore, in cui due corpi si abbracciano, dall'altro rotolano trasportando il bambino, che resta impigliato alla mano della donna. Da qualche settimana la madre gli ha spiegato che anche litigando, i genitori restano tali e si continuano a occupare dei propri bambini; questo da un lato deve averlo rassicurato.

Il comportamento del bambino, le sue espressioni verbali, sceniche e somatiche sono un filo conduttore dell'emotività che sta vivendo, ma costituiscono anche il tessuto emotivo dello psicoterapeuta che si trova a riflettere sulle cose della sua vita, quindi un aspetto emotivo che anche se naturalmente non espresso unisce entrambi nella comprensione delle difficoltà che l'idea del cambiamento fa vivere a questo bambino. Così il vederlo raggomitolato su se stesso: prima feto e poi incapsulato, due immagini che evocano dipendenza e dolore.

«Cosa succede Luca?», chiede lo psicoterapeuta. Un mezzo da offrire al bambino, a cui appigliarsi, perché il dolore elaborato permette di superarlo e non creare incitamenti che diventano blocchi dell' evoluzione. «Non lo so... tu che pensi?», è una richiesta diretta che in realtà rivela anche l'appoggio che il bambino sente di avere, e sposta sullo psicoterapeuta, il peso emotivo della risposta.

Dobbiamo tenere presente che i bambini (non quelli molto piccoli, che ancora devono affrontare e risolvere il problema della separazione mentale dalle figure parentali), nella situazione terapeutica, a differenza degli adulti, non riportano semplicemente il passato, ma cercano nuove modalità di rapporto (A. Freud, 1965). La qualità del transfert che si sviluppa nella cura ci indica la forza o la debolezza dell'io, la sua struttura, e lo psicoterapeuta assume il ruolo di bersaglio, verso cui si dirigono gli impulsi bloccati che non possono esser espressi in modo diretto verso l'oggetto originario (Fenichel, 1941). Il giovane paziente verbalmente nella relazione indirizza da un lato, i suoi contenuti affettivi verso la psicoterapeuta e dall'altro, «drammatizza» sulla scena desideri e timori. Al bambino vanno lasciate forme d'espressione più congeniali alla sua età, il gioco è sicuramente il mezzo elettivo per affrontare i suoi vissuti, esplicitare le sue fantasie.

A distanza di due giorni da questo incontro, riceviamo una telefonata dalla madre di Luca. «Mio figlio è molto agitato, non mangia. È stato tutta la sera dietro i vetri, suo padre è partito ieri mattina. Ho paura che ricominci il fatto dal capo» (sbattere).

Che fare? La madre ci chiama per esprimere le difficoltà che sta vivendo, non possiamo tralasciare questa richiesta, oltre tutto il disagio che sta vivendo peserebbe sul bambino, nemmeno però dobbiamo sconvolgere il setting, per questo la invitiamo a partecipare ad un incontro con il bambino. Le chiediamo di avvertire lei il bambino della telefonata e della nostra decisione.

Riportiamo una parte dell'incontro.

T. «Allora cosa accade?».

M. «Eh... non va troppo bene, mio marito è partito per Nairobi».

L. «Ci va per il lavoro, lui costruisce le strade, i ponti». Il bambino all'apparenza è tranquillo. «Ha telefonato».

T. «Suo marito è sempre partito per il lavoro».

M. «Sì, come mio padre. Avrei dovuto farci l'abitudine... macché!».

T. «Suo padre lavorava fuori?».

M. Annuisce. «Sono nata ad Alessandria, anche mio fratello».

L. «Zio Giovanni è straniero, non lo sapevo, ma che bella cosa!» batte le mani.

M. «Non ascolti il bambino», scoppia a piangere.
Riflettiamo sulle lacrime di questa madre: piange chi, piange cosa.

M. «Avevo quindici anni quando sono tornata a Roma, mio padre è rimasto là e poi in giro per il mondo, io e mio fratello con mia madre, qui a studiare». Luca è silenzioso, gira fra le mani il robot, le spalle piegate. «Si sono separati così, senza una separazione legale, tutto cambiato».

T. «Lei ha vissuto la separazione molto dolorosa dei suoi genitori, senza che nessuno ne parlasse».

M. «Sì, è proprio così. Mia madre non diceva niente, arrivavano le telefonate di mio padre ogni tre giorni. L'estate tornavamo da lui, per le vacanze: io e mio fratello».

T. «Credo che dovremmo parlare della partenza per lavoro di suo marito». Il bambino alza lo sguardo e ci fissa. «C'è molta differenza tra le due partenze».

L. «Papà ha detto che telefona e poi lui scrive pure le cartoline, e poi andiamo a trovarlo».
Quello che dobbiamo considerare in questo tipo di trattamento è che il vissuto dei genitori entra nella psicoterapia del figlio, ed è compito del terapeuta decifrarne il «peso» e l'influenza che tutto ciò ha nello sviluppo delle dinamiche familiari che possono avviluppare o aiutare a crescere il figlio/a.

Capitolo sesto

Trattamento del disturbo alimentare e adolescenza

a) Il setting

«Il setting comporta l'insieme dei fattori che permettono al terapeuta di esercitare la propria attività» (Gilliéron, *op. cit.*, p. 100).
Accanto al «dispositivo» che riguarda le caratteristiche che lo qualificano, luogo, disposizione, orari, frequenza, ecc., ci sono «regole» ben precise che sia il terapeuta sia il paziente devono tener conto. Il rispetto di esse incide sul fatto che la relazione terapeutica assume connotati che ben la distinguono da ogni altro tipo di relazione sociale o affettiva. «Le caratteristiche di un setting sono strettamente legate a una teoria... per lo psicoterapeuta, questa teoria descrive il funzionamento psichico e la natura del cambiamento psichico cui si mira» (Gilliéron, *op. cit.*, p. 101). Tutto ciò risulta basilare per formulare la diagnosi di personalità del paziente, per una maggiore comprensione dei suoi vissuti interiori e poi del suo comportamento esterno. L'individuo adulto arriva alla consultazione per sua scelta, sceglie un terapeuta anziché un altro, in un dato momento della sua vita, quando decide di dare consistenza alle sue crisi. Per il bambino o un adolescente i fatti si svolgono in tutto altro modo, in quanto sono i genitori, a volte gli insegnanti, il medico di famiglia che ruotano attorno a loro, a decidere chi e quando rivolgersi allo psicoterapeuta. Potremmo dire che il ruolo di paziente «viene dato» al bambino o all'adolescente dalla famiglia, e ciò procura reazioni emotivo-affettive che si manifestano nel comportamento, e che nell'incontro con lo psicoterapeuta forniscono elementi importanti per la diagnosi: il bambino o l'adolescente portatori del disturbo psicologico denunciano il livello di comunicazione familiare distorto, anche se il disagio all'esterno appare solo come una loro caratteristica.
La posizione dello psicoterapeuta deve essere molto attenta

perché incontrerà il bambino o l'adolescente e la sua famiglia, quindi viene a trovarsi immediatamente immerso in una rete relazionale, di rapporti interpersonali che schematicamente possiamo riprodurre nel modo seguente:

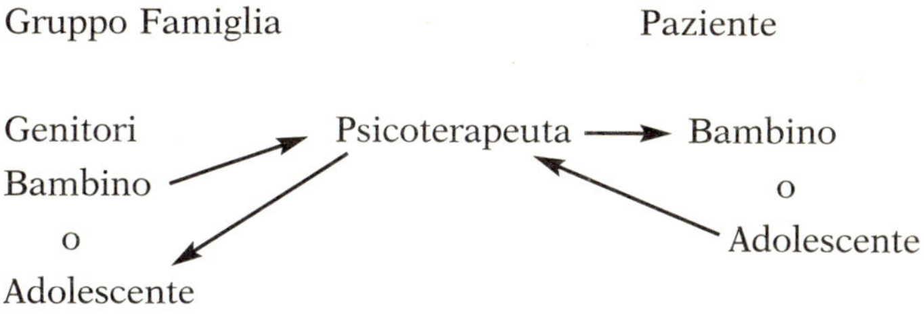

Lo psicoterapeuta è impegnato su due fronti, dovrà percepire e annotare dentro di sé gli avvenimenti che rileva in rapporto al gruppo-famiglia, perché il setting ne evidenzia le sue particolari qualità, e un contesto capace di mobilitare da un lato le difese del paziente, e dall'altro i differenti livelli comunicativi della famiglia.
In questo caso lo psicoterapeuta si trova a interagire con un gruppo, si tratta di un gruppo speciale, la famiglia, qualificato da un tessuto emotivo particolare in quanto i suoi componenti condividono le stesse esperienze, miti e tradizioni, dove il bambino o l'adolescente hanno instaurato legami profondi, le loro radici psichiche. Il nucleo familiare rappresenta per il bambino il mondo affettivo, primario, sul quale svilupperà la sua psiche e per tutta la prima infanzia anche quello sociale. Per l'adolescente rimane un punto di riferimento affettivo, le spinte pulsionali lo portano per un certo periodo ad assumere un atteggiamento ambiguo di crescita. Tutto ciò conduce a misurarsi con la realtà e prevede un cambiamento di rapporti con i familiari. Da questo punto di vista le relazioni con fratelli e sorelle, con i genitori, diventano il canale di confluenza fondamentale dal quale sfocerà la comunicazione che a sua volta assumerà la caratteristica di essere diretta, contradditoria, ambigua e perciò distorta (Baldassarre, *op. cit.*), che caratterizzerà le relazioni interpersonali con il mondo degli adulti.
Dobbiamo tenere presente che i disturbi psicogeni che affliggono l'individuo toccano la sua sfera emozionale, affettiva, quelli del bambino e dell'adolescente evidenziano

l'esistenza di conflitti profondi e irrisolti che derivano da rapporti interpersonali disturbati, che vanno a influenzare il mondo fantasmatico, profondo, ma che sono alimentati al momento attuale dal contatto diretto. Per cui il disagio presentato dal bambino o dall'adolescente concretizza quello relazionale che spesso i componenti della famiglia non riconoscono, ma che gestiscono attraverso il disegno del proprio figlio.
Ci siamo occupati già del setting trattando la psicodiagnosi in età evolutiva (Baldassarre, *op. cit.*), in questa sede vorremmo invece cogliere il modo in cui le dinamiche tra psicoterapeuta-paziente-adolescente e famiglia, si sviluppano nel setting e le difficoltà che insorgono e con le quali lo psicoterapeuta si confronta.

b) Famiglia e adolescenza

L'adolescenza di un figlio/a pone la famiglia di fronte a un rimescolamento degli equilibri raggiunti. Il giovane adolescente con la sua crescita sessuale e di maturità pone la famiglia dinanzi alla scoperta di nuovi comportamenti diretti da motivazioni, aspirazioni che preludono a un processo di separazione, che può creare insicurezza, ambivalenza, ostilità di grado diverso tra i componenti, che vanno ad interferire con il processo di crescita del giovane che già per proprio conto si trova ad affrontare angosce di separazione che il distacco dalle figure affettive dei genitori comporta a quest'età.
Abbiamo già considerato come le prime relazioni oggettuali siano la base per i futuri legami affettivi: il legame con la madre è solo il primo di una lunga catena che accompagnerà l'individuo nell'arco dell'esistenza.
La separazione e forse ancor meglio il differenziarsi pone l'individuo lungo il cammino che lo condurrà all'autonomia, alla conquista della propria identità. L'adolescenza è un periodo della vita costellato da trasformazioni continue che investono la globalità del soggetto, fisica e psichica, per cui necessariamente cambiano le modalità di rapportarsi alla realtà, agli altri, quindi anche ai componenti della propria famiglia.
I genitori non sempre sono pronti ad assorbire questi cambiamenti, che se accettati agevolano la separazione, inve-

stono direttamente i legami che il soggetto ha sperimentato, senza ulteriori difficoltà, riemerge la sua prima infanzia: esperienze di distacco e di perdita riprendono quota con tutto il loro apporto affettivo. Se l'adolescente è stato un bambino a cui è stato permesso di vivere e lentamente riconoscere i propri bisogni, accettare la perdita, la distinsione di sé dall'altro, integrandola nella sua unità psichica, senza che quest'ultima ne esca danneggiata, ha potuto sperimentare l'esperienza «del lutto» avanzando nel suo sviluppo evolutivo, sarà un adolescente capace di effettuare la separazione dalle figure genitoriali per realizzare nuove identificazioni. Più semplicemente significa che i genitori sono stati capaci di essere «giustamente» fusionali, hanno riconosciuto e agevolato lo sviluppo all'autonomia del figlio. Ciò evidenzia un equilibrio familiare basto sul riconoscimento adeguato dei ruoli nel sistema famiglia, che investe non solo le relazioni interpersonali, esterne, ma anche quelle più profonde e legate al mondo fantasmatico. Dal punto di vista del comportamento questi genitori sono in grado di modificarsi, senza temere l'interruzione del legame affettivo. I legami generazionali sono ben distinti, il sistema genitori e figli è ben evidenziato.
La psicoanalisi ha evidenziato le trasformazioni dei processi mentali che derivano dalla separazione, lo stretto rapporto del livello di simbolizzazione raggiunto dall'individuo. Se la famiglia possiede un grado di flessibilità capace di poter accogliere le nuove esigenze del figlio adolescente e «rivedere» il suo rapporto, il giovane sarà facilitato nel processo di guida, emancipazione, e contemporaneamente non sottoposto a lacerazioni dolorose, tutto ciò dipende dal fatto che i genitori devono accettare la separazione del loro figlio/a, senza vivere il turbamento procurato dalla perdita come una interruzione del legame, perché cambiare non significa perdere fiducia, continuità emotiva e intimità della relazione, e quindi non entrare in una crisi personale di perdita. La pratica clinica ci confronta spesso a conflitti genitoriali e figli in cui i primi «lottano» per mantenere piccolo il proprio figlio. Quando ciò si verifica, ci troviamo di fronte a un tipo di personalità materna e paterna che presenta di per sé vissuti di carenza, per cui il figlio rafforza il proprio narcisismo, e spesso nella coppia riveste il ruolo centrale, di confluenza, nel senso che si realizzano equilibri di cui il perno è il figlio. Un' ana-

lisi più approfondita evidenzia spesso una qualità del legame genitori-figli in cui non si è creato uno «spazio aperto», per l'incapacità dei primi a riconoscere il figlio come essere con i propri bisogni. Perché ci sia tale riconoscimento è necessario portare l'attenzione ai vissuti infantili che hanno condotto il bambino, oggi adolescente, a sperimentare la presenza e l'assenza dei genitori, e le vicende dei fenomeni transizionali, tenendo conto dello sviluppo simbolico raggiunto.
Lo sviluppo patologico della condotta alimentare, come sintomo strutturato, riporta come abbiamo accennato, a relazioni oggettuali disturbate, *di marca depressiva* sviluppatasi in una fase precoce dello sviluppo psichico, quello orale. Nell'adolescenza il soggetto vive una posizione conflittuale di crisi che lo conduce all'indipendenza da un lato, e dell'altro continua ad avere la dipendenza del bambino/a piccolo, e tutti i conflitti del passato si ripresentano, per cui il distacco dai genitori come i processi di identificazione sotto la spinta dei cambiamenti sessuali, influenzano l'immagine di sé e, come evidenzia Laufer, il corpo svolge un ruolo, con tutti i fantasmi e conflitti che ne derivano, fondamentale. Il disturbo alimentare prende immediatamente la forma patologica esterna, anoressia, bulimia, obesità, a seconda delle vicende psichiche che il soggetto si è trovato a vivere.

c) Trattamento psicoterapeutico famiglia e adolescente

Partiremo dal fatto che un sistema non è la somma degli elementi che lo compongono, ma tenendo presente le ricerche dei terapeuti familiari, esso è considerato da un insieme di elementi. Applicando ciò al sistema famiglia, siamo portati a non considerare genitori e figli separatamente, ma riferendoci al sistema come totalità, ci interessiamo ad entrambi. Infatti, affrontando il disagio psichico di cui il bambino o l'adolescente è portatore, lo psicoterapeuta entra nella famiglia, «facendo parte» del sistema. Se si tralascia questo aspetto, per noi basilare, la terapia rimane bloccata perché nel trattamento non possono essere tralasciate «le regole» fondamentali che regolano la vita di una famiglia, il suo equilibrio globale. Aspetti che si basano sulle *differenze generazionali* le quali regolano ruoli differenti: ciò può essere rispettato o meno, accanto ai *ruoli ses-*

suali che implicano comportamenti e desideri differenti. Lo squilibrio si sviluppa quando i meccanismi che gestiscono il sistema non riescono più a regolarlo; dal momento che la famiglia è costituita da individui, dobbiamo tener conto che il cambiamento che attua uno dei componenti della famiglia, investe la comunicazione, il dialogo che li lega. La crisi che il sistema si trova a vivere fa saltare il principio di adattamento che fino a quel momento ha caratterizzato la vita di quella determinata famiglia. Questo è il momento in cui lo psicoterapeuta si trova a «entrare» nella famiglia. Il suo ingresso ci deve far riflettere sugli effetti che esso produce, effetto «generale» sul gruppo famiglia e sui singoli individui che la compongono. Da anni registriamo il primo colloquio con le famiglie che ci consultano e immediatamente si nota l'atteggiamento, le alleanze, le manipolazioni tra i componenti del nucleo familiare, e in seguito il cambiamento che si verifica già dai primi incontri. Ciò comporta un'attenzione diretta al paziente designato, il figlio, ma anche al funzionamento della relazione che lo lega ai genitori, perché ci fornisce molte indicazioni sulla qualità del legame che li unisce, e sulla eventuale mancanza di continuità, di rotture. Informazioni che si rivelano utili a comprendere il funzionamento psichico. L'analisi di tale funzionamento, la comprensione del livello psichico nel quale ci imbattiamo, sono il primo punto per orientarci. Segue poi la raccolta di altri elementi che localizzano l'attenzione del terapeuta:

- *Il sintomo*, la sua entità, quanto delimita la libertà di azione del soggetto.
- *Il livello di angoscia manifesto.*
- *Le reazioni dei genitori.*

Tutto ci indirizza verso «l'esame di realtà» del soggetto. A questo punto si impone la riflessione sugli elementi raccolti.
Dobbiamo tener conto che gli adolescenti la cui personalità funziona secondo un registro psicotico o limite sono centrati più sull'agire che sull'attività di pensiero, a causa del basso livello di mentalizzazione raggiunto. Tutto ciò li spinge a comportarsi ad agire molto e ad elaborare poco, e può costituire rischi seri per l'identità perché il «pensare» ne risulta limitato.

Il trattamento psicoterapeutico ha lo scopo di affrontare e sanare la sofferenza per cui non può trascurare il legame tra le generazioni: genitori-figli. In quest'analisi viene affrontato non solo il legame attuale che unisce genitori e figli e quindi la generazione attuale, ma quella dei genitori con i legami che a loro volta hanno vissuto e, spesso, mai del tutto risolto con i propri genitori. L'intervento psicoterapeutico si cala nel sistema narcisistico per dipanare, per aiutare o sostenere, i legami intrapsichici, mantenere le loro continuità, insieme a quelli intersoggettivi. Infatti, come abbiamo riferito riguardo allo sviluppo psichico, dobbiamo considerare il contributo dato «dall'eredità» psichica che passa alle nuove generazioni e che riguarda tutto ciò che è psichicamente «incistato» nelle generazioni precedenti senza essere stato mai veramente elaborato: segreti, lutti, perdite, che con il loro peso emotivo continuano a influenzare l'evoluzione psichica.
Tutto ciò comporta per lo psicoterapeuta una presa in carico assai complessa, sia dal punto di vista della disponibilità, sia della preparazione, certamente specialistica, perché la relazione terapeutica lo confronta a livelli differenti di impegno che possono risultare assai coinvolgenti, per questo la sua attenzione lavora a più livelli. Inizieremo con il distinguere livelli differenti.

Il primo livello riguarda l'analisi della patologia del legame.
Il secondo livello si riferisce alla capacità dello psicoterapeuta: sostenere il soggetto considerando l'apporto della famiglia.

Questi aspetti ci sembrano emergenti perché toccano direttamente alcuni punti, fondamentali, della vita del soggetto. Innanzitutto *il piano di realtà*: cioè la percezione e i rapporti interpersonali che l'individuo struttura con il suo mondo familiare e sociale. Poi il piano strettamente personale riguardante la vita fantasmatica. *La relazione terapeutica* richiede particolare cautela perché possa strutturarsi l'alleanza terapeutica: un gesto, una parola, un atto possono influenzarla con ripercussioni notevoli sul soggetto. Ci riferiamo a quelle patologie che più di altre si rivelano a rischio perché inducono comportamenti veramente pericolosi: condotte suicidarie, tendenze autolesio-

nistiche e antisociali che esplodono in comportamenti dannosi per sé e per gli altri, crolli psicotici. Il terapeuta è un adulto, e non dimentichiamo che l'adolescente sta vivendo una sua personale battaglia con gli adulti. Per questo siamo propensi a credere che ogni rapporto con l'adolescente dovrebbe essere basato sull'*accoglienza* da un lato e dell'altro sulla prudenza, perché possa svilupparsi una relazione che escluda interruzione, rigidità o rifiuto. Tutti aspetti che richiedono al terapeuta la rinuncia a un atteggiamento onnipotente perché alimenterebbe solo il proprio narcisismo a danno del paziente, rafforzerebbe i timori adolescenziali verso le figure genitoriali vissute come persecutorie, in modo onnipotente. L'adolescente arriva alla consultazione perché il sistema famiglia in cui si trova presenta alcune caratteristiche di rigidità, più o meno scoperte, che non sono in grado di contenere il suo cambiamento, per cui le qualità del terapeuta, attraverso il linguaggio e il comportamento possono riproporre in modo per lui insostenibile il mondo degli adulti, per lui troppo conflittuale.
La patologia dei legami all'esterno si manifesta attraverso i sintomi, l'analisi della relazione che si snoda sotto il nostro sguardo fornisce informazioni che rinviano alla relazione e alla vita fantasmatica. Altro aspetto riguarda la famiglia e i suoi interventi nel setting. Non la escludiamo, ma nemmeno le consentiamo di entrare e di uscire a sua piacimento, perché questo danneggerebbe il setting, nel senso che non ci sarebbero parametri chiari che ne regolano il campo, a danno della relazione terapeutica con l'adolescente. Essa viene «impostata» con l'adolescente e, tranne gli incontri diagnostici in cui si incontra il paziente con il proprio nucleo familiare, durante il trattamento gli incontri con la famiglia vengono discussi con il paziente sia prima che dopo, così come le interferenze che i familiari possono mettere in atto fin dalla fase diagnostica. L'esempio che segue ci permette di riflettere. Si tratta di una famiglia che è arrivata alla richiesta di consultazione per il disturbo alimentare della figlia sedicenne. Da quasi un anno, dopo una «leggera anoressia», così la definisce la madre, «ha attacchi di fame». Dopo il primo colloquio, in cui sono stati stabiliti i due incontri con la ragazza e l'ultimo con la famiglia, riceviamo una telefonata dalla madre (due giorni prima di incontrare la figlia), che chiede:

«Voglio un incontro da sola, per parlarle, prima che venga da lei, perché ci sono cose da spiegare, mia figlia non dice tutto, le nasconde bene le sue cose». La famiglia aveva consultato, l'anno precedente una terapeuta. «Non siamo più andati». Al commento della madre, il padre annuisce: «Perché non ascoltava quello che tu decidevi».
Cosa fare? La telefonata infastidisce la terapeuta: trova il comportamento di questa madre invasivo per lei e anche nocivo nei riguardi della figlia: una madre che ha dubbi sulla sincerità della propria figlia, ne discute con lei non agisce alle spalle. Dove può portare questo comportamento di controllo materno?
Però il suo intervento mostra anche un bisogno. La terapeuta risponde: «Se ci sono cose che lei ritiene di dovermi dire, certamente me le dirà, in seguito, al prossimo incontro, però in questo momento è meglio rimandare, mi arrecherebbero confusione». Nell'incontro con la figlia emerge quanto segue:

P. «Non si può parlare in casa mia».
T. «Perché?».
P. «Mia madre non ascolta nessuno. È capace di parlare senza neanche ascoltarmi».
T. «E papà?»
P. «Lui non c'è quasi mai e quando c'è... diciamo che è sordo, oggi mi ha accompagnata per venire qua... mia madre l'ha costretto, perché potevo venire in metropolitana».
T. «Sai spiegarti il perché?»
P. «Aveva paura che non venissi all'appuntamento, insomma che saltassi la seduta. Dice che sono bugiarda».
T. «Capita spesso questo?».
P. «Oh sì. Le ha telefonato ieri. L'ho sentita, si era chiusa in camera. Lo faceva anche con l'altra dottoressa, e poi... non ci siano più andati».
T. «Perché?».
P: «Perché lei non voleva riceverli».
Siamo solo al secondo incontro e già questa madre ha attivato le sue «manovre». La paziente rispetta i due appuntamenti, all'ultimo incontro che vede la famiglia riunita, emerge quanto segue, prima della fine del colloquio:
P. «Penso che dovrai calmarti tu, altrimenti non risolviamo un bel niente, un buco nell'acqua come l'altra volta».
M. «Ora vuoi dire che è colpa mia?».

P. «Dico che ora la dottoressa ci ha spiegato il lavoro che si deve fare, e tu mi telefoni dall'ufficio per dirmi che ci vuoi parlare da sola e che lei non ha accettato, e l'ha spiegato il perché».
M. «Sì è vero, per la confusione».
T. «Credo sia opportuno non creare segreti, perché la confusione che ne deriva non ci consentirà di risolvere problemi».
M. « Ma... però pensavo...».
T. «Cosa pensava?».
M. «Perché lo faceva... lei è schietta». Arrossisce.
T. « La confusione non ci aiuterebbe a chiarire i problemi di cui avete parlato e poi per quanto mi riguarda non potrei essere spontanea con sua figlia, ricevendola, senza parlarne. Per questo penso che ci impegneremo tutti a discutere, a comunicarci gli eventuali incontri familiari».
M. «Beh sì..., però... mia figlia mi esclude... non racconta quello che fa, quello che le succede. Le figlie delle mie amiche invece...».
P. «Ma quali amiche, tu non ce l'hai le amiche, e le mie non vanno mai bene».
P. «Ma smettiamola una buona volta, tu stai con il fiato sul collo su tutto e tutti!».

La terapeuta ha spiegato una «regola indicando una difficoltà che si sarebbe instaurata nella relazione terapeutica e che avrebbe inciso nel rapporto con la giovane adolescente, contravvenendo all'impegno preso: incontrarsi due volte da sole e infine con la famiglia, a danno della fiducia reciproca. Non ha effettuato un vero rifiuto nei confronti della madre che l'angoscia rende manipolativa. «Se ci sono cose che lei ritiene di dovermi dire, certamente me le dirà al prossimo incontro, però in questo momento è meglio rimandare, mi creerebbe confusione». È stata lei a esprimere una difficoltà. Tutto ciò ci fornisce elementi importanti sul legame alla base della relazione madre-figlia. Perché questa madre chiede di incontrarci prima di aver un colloquio con la figlia, incontro a cui non sarà presente. Cosa teme, cosa tenta di controllare?
Questi sono aspetti in cui lo psicoterapeuta che lavora secondo la nostra ottica esprime un comportamento che definiamo attivo-passivo. Rispetta la regola dell'astinenza ma riflette e pensa su quello che accade e accadrà nel rappor-

to con il paziente, e il significato manifesto e profondo che assume tutto ciò. Il controllo della madre viene riaffermato dal marito: «Tu stai con il fiato sul collo su tutto e tutti». Si esprime appoggiandosi in parte sulla figlia. Tale controllo si manifesta durante la fase diagnostica e ciò si rivela un'ulteriore riflessione sul funzionamento psichico e sulle dinamiche psichiche che agiscono in questa famiglia, e soprattutto nella coppia. «Mia figlia mi esclude... non racconta quello che fa, quello che le succede, le figlie delle mie amiche...». Una madre «adulta» non si sente esclusa dalla propria figlia, non chiede di esserne l'amica del cuore, e soprattutto ci fa riflettere: «quello che fa, che le succede». È una figlia adolescente di 16 anni, un'età in cui iniziano gli approcci con l'altro sesso. La riflessione va all'identità femminile e sul vissuto della madre di essere esclusa, sul bisogno di controllare la crescita sessuale della propria figlia.
I sintomi «leggera anoressia... ora ha attacchi di fame», presentati dalla paziente, spostano l'attenzione dello psicoterapeuta al corpo di questa giovane adolescente che ha acquisito l'aspetto di una donna e che deve imparare ad accettare.

d) Disturbi alimentari e trauma

La pratica clinica ci confronta spesso alle richieste di consultazione in cui il disturbo alimentare è il sintomo primario del disagio del paziente. Ci siamo già occupati di tale aspetto (Baldassarre, *op. cit.*), ma in questo caso riprendiamo l'argomento perché possiamo imbatterci in situazioni in cui il disturbo alimentare in realtà scaturisce da personalità con caratteristiche che non sono conformi a quelle che accompagnano la maggior parte delle situazioni esposte.
Si manifesta con una modalità particolare, ed anche se l'ambiente lo pone in evidenza, ad un'analisi più approfondita risulta inglobato in una costellazione di sintomi di cui soffre il soggetto. Abbiamo affrontato questo argomento in altro contesto (Baldassarre, *op. cit.*), ma in questo caso è bene evidenziare che la difficoltà del bambino o dell'adolescente si inseriscono in un clima particolare, di cambiamento repentino, che vede mutare il comportamento complessivo del soggetto e particolarmente si evi-

denzia un rapporto che muta nei confronti dell'esterno: isolamento, il rendimento scolastico all'improvviso diviene scarso, distrazione, allontanamento dai compagni. Il disturbo alimentare si inserisce dunque in un contesto che investe un cambiamento globale delle caratteristiche comportamentali del soggetto. Ad un'analisi più approfondita risulta mutato l'atteggiamento di base, di fiducia. Sono le situazioni in cui emergono traumi violenti, di rottura, traumi sessuali, che hanno colpito il bambino o l'adolescente e che lo costringono per difesa a una chiusura in se stesso, con perdita di interesse, il rifiuto del cibo o l'assunzione senza soste, o il bisogno di espellerlo appena ingerito, riportano l'attenzione al livello di ansie violente che il soggetto si trova a vivere e che cerca attraverso il cibo di sedare.

Conclusioni

Il tema affrontato presenta una problematica molto vasta, e la nostra riflessione ne ha toccato solo alcuni aspetti, quelli che la pratica clinica più da vicino ci ha portato a sperimentare. Il lungo cammino percorso attraverso le ricerche che gli autori hanno fatto nel campo della psicologia dello sviluppo, l'analisi sempre più ampia dello sviluppo psichico, hanno influenzato il campo clinico e quindi le strategie terapeutiche da adottare per sanare il disagio psichico. Il disturbo alimentare, nelle sue differenti forme di psicopatologia, è un grave disagio che attanaglia la gioventù di questi anni, e soprattutto bambine, adolescenti e donne adulte. Non significa che nei soggetti dell' altro sesso sia assente, ma non è certo così incisivo e di vaste proporzioni. Abbiamo ripercorso le tappe dello sviluppo psichico, le differenti fasi della crescita, per meglio «visualizzare» i momenti evolutivi in cui l'individuo è sottoposto a maggiori tensioni per giungere alla sua completezza: la conquista dell'identità.

Il disturbo della condotta alimentare è ciò che appare all'esterno sotto forma di sintomo, di una problematica profonda che riguarda lo sviluppo psichico, nel senso che in questi soggetti si riscontra la carenza di una vera protezione, che si esplica nella comprensione dei bisogni, capace di veicolare lo sviluppo evolutivo, perché fornisce al bambino prima, all'adolescente poi, i mezzi per poter sperimentare ed esprimere le proprie emozioni. Tutto ciò è stato il campo della nostra riflessione.

Tutto ciò ci riconduce alle prime relazioni affettive che costituiscono il fondamento dello sviluppo psichico dell'individuo, «l'impalcatura» che attraverso l'interazione con il bagaglio biologico fornisce la possibilità di edificare la personalità. Questo punto di vista evidenzia l'apporto psicologico dato dalla famiglia, la naturalezza e la patologia dei legami che ci uniscono a genitori, fratelli, sorelle. Nel passato emotivo di individui che si trovano a vivere disturbi

alimentari, si registra inevitabilmente «una disfunzione» del rapporto affettivo che li legava o tutt'ora li lega ai propri genitori: non solo quelli reali, ma quelli interiorizzati dei quali ancora si sente l'influenza, con i quali si è strutturato una vera patologia del legame, che ha impedito la conquista dell'autonomia di espressione, vietando la piena separazione che conduce allo svincolo delle idealizzazioni infantili. Queste ultime portano immaturità sia nel comportamento sia nell'affettività, allora il cibo assume un valore con altre risonanze, diventa un bisogno impellente da soddisfare o da controllare, che va al di là del valore nutrizionale. Serve a riempirsi subito dopo a svuotarsi, come nella bulimia, a prosciugare il corpo come nell'anoressia, o a gonfiarlo, a renderlo mostruoso come nell'obesità: sempre comunque si combatte il mondo privato inconscio, con «qualcosa» che sfugge alla razionalità e che riguarda invece l'intricato mondo degli affetti.
Abbiamo affrontato il cibo come veicolo dell'affettività, come motore potente per veicolare le relazioni umane e quindi lo sviluppo psichico, mentre abbiamo solo sfiorato il contributo sociale dato a questa patologia. Infatti, da più parti arrivano messaggi che evidenziano ed esaltano la figura perfetta, «palestrata», di questi anni. La cultura dell'immagine, perversa nelle sue richieste, colpisce sì i nostri adolescenti, perché vivono un momento evolutivo in cui sono più «sensibili» all'approvazione, al riconoscimento degli altri, ma non va trascurato il fatto che esiste un «impegno» familiare, nella maggior parte dei casi, non adeguato a sostenerli nell'evoluzione dell'identità, e prima ancora, purtroppo, è venuta a mancare l'esperienza di un autentico sostegno affettivo: non esistono scuole per diventare genitori, e prima di essere tali, essi sono stati figli e alcuni lo rimangono per il resto dell'esistenza, anche nel ruolo di adulti.
Fuori da ogni retorica, affermiamo ciò, perché come abbiamo scritto a proposito della crisi normale e patologica, i disturbi dell'alimentazione riguardano gli individui che vivono in profondità conflitti che portano a una crisi patologica che spesso conduce, nei casi più gravi, alla diffusione di identità e non semplicemente a una crisi evolutiva. Significa, alla base, che questi adolescenti, domani adulti, si trovano a dover affrontare carenze gravi dell'infanzia che intralciano il momento evolutivo che stanno vivendo:

il corpo gioca il ruolo di specchio delle loro difficoltà affettive.
Abbiamo fatto riferimento all'equilibrio familiare. Le famiglie naturalmente si sono evolute, come conseguenza dell'evoluzione dei ruoli che ha caratterizzato sia l'uomo sia la donna di questo secolo, altrettanto quello di padre e madre. Ciò che veramente è cambiato, nelle famiglie che incontriamo, è lo svolgimento della funzione paterna e materna, e spesso quest'ultima prevarica la prima. La nostra società, nel suo aspetto perverso, è carente nella figura del padre, nella sua funzione, per cui ne risulta una vera confusione dovuta alla mancanza di limiti, con conseguenze di fragilità, di regole. Per concludere, l'ultima riflessione va al fatto che limiti, regole, e quindi funzione dei ruoli, scandiscono il ritmo e la qualità della vita psichica, perché strutturano la barriera chiara delle generazioni, proteggendo in tal modo gli individui nello sviluppo della propria identità, e nella comprensione della realtà.
Il cibo, fonte di nutrimento e vita, assurge anche a veicolo attraverso cui le emozioni si trasmettono tra genitori e figli, diventando un «percorso» che decide sullo sviluppo psichico del bambino, del suo futuro. Non abbiamo affrontato in modo specifico l'amore materno e paterno, perché abbiamo seguito, attraverso l'analisi delle differenti patologie, «le mancanze» a cui il bambino viene esposto e come tutto ciò venga da lui riproposto sotto forma di sintomo. L'ambivalenza dei sentimenti esiste in tutti noi: una madre può essere messa a dura prova, creare degli intrecci inestricabili, che a volte purtroppo esplodono in gesti gravi, folli, verso il proprio bambino. Tutto questo rivela, da parte di questi genitori, un bisogno profondo di liberarsi di problemi affettivi mai risolti, e che l'accudimento pratico e affettivo verso il proprio figlio/a riporta in superficie, risvegliando le angosce mai sanate. Ci rendiamo conto come proprio una simile affermazione possa risultare non solo pessimista ma gettare sulla famiglia una luce oscura. Se vogliamo migliorare ed evitare, in certi casi, tragedie, è utile considerare anche i «pericoli» che si celano nella relazione genitori e figli, da ambo le parti, perché quando il clima affettivo è distorto scoppiano tragedie che partoriscono mostri.

Bibliografia

ANZIEU D., *L'Io-pelle*, Borla, Roma 1994.

ATTI SECONDO CONGRESSO NAZIONALE S.M. Psicosomatica SEU Roma, Anoressia e Obesità.

AUBRY J. e coll., *La carence de soins maternels*, Puf, Paris 1955

BALDASSARRE M., *Segreti violenti*, Borla, Roma 2000.

BALDASSARRE M., *Diagnosi e psicoterapia breve*, E.U.R., Roma 1993.

BEAUCHESNE H. - GIBELLO B., *Trattato di psicopatologia infantile*, Borla, Roma 1993.

BERGERET S., *La personalità normale e patologica*, Raffaello Cortina, Milano 1994.

BERGERET S., *Psicologia patologica*, Masson, Milano 1991.

BETTELHEIM B., *Il mondo incantato*, Feltrinelli, Milano 2000.

BETTELHEIM B., - KARLIN D., *Uno sguardo diverso sulla follia*, Cittadella Edit., Assisi 1979.

BOSTON M. - DOWS D., *Il lavoro psicoterapeutico con bambini e adolescenti*, Liguori Editore, Napoli 1981.

BOWLBY S., *Attaccamento e perdita*, Boringhieri, Torino 1976.

BOWLBY S., *Una base sicura*, Raffaello Cortina, Milano 1988.

BRACONNIER A., *Les bleus de l'âme*, Calmann – Lévy, Paris 1995.

BRUCH H., *Anoressia*, Raffaello Cortina Editore, Milano 1998.

BRUCH H., *Patologia del comportamento alimentare*, Feltrinelli, Milano 1994.

BRUSSET B., *La psicoanalisi del legame*, Borla, Roma 1990.

CAHN R., *Adolescenza e follia*, Borla, Roma 1994.

CORMAN L., *L'interprétation dynamique en psychologie*, Puf, Paris 1979.

CRAMER B. - ESPASA F., *La pratique des psychothérapies mères-bébés*, Puf, Paris 1993.

DUGAS M., *L'Hyperactivité chez l'enfant*, Nodules-Puf, Paris 1987.

DÜHRSSEN A., *Malattie psicogene dell'età evolutiva*, La Nuova Italia, Firenze 1969.

ERIKSON E.H., *Infanzia e società*, Armando Editore, Roma 1966.

FEINSTEIN C.S. - BIOVACCINI P.L., *Psichiatria dell'adolescente*, vol. III, Armando Editore, Roma 1994.
FIVAZ - DEPURSINGE E. - CORBOY- WARNERY A., *Il triangolo primario*, Raffaello Cortina, Milano 2000.
FREUD A., *Normalità e patologia del bambino*, Feltrinelli, Milano 1970.
FREUD A., *Opere*, vol. II, Boringhieri, Torino 1978.
FREUD S., da opera freudiana (O.S.F.) Boringhieri, Torino 1976:
– *Compendio di psicoanalisi*, 1938
– *Tre saggi sulla teoria sessuale*, 1905.
GILLIÉRON E., *Trattato delle psicoterapie brevi*, Borla, Roma 1998.
GORDON R.A., *Anoressia e bulimia*, Raffaello Cortina, Milano 1995.
GREENACRE P., *Studi psicoanalitici sullo sviluppo emozionale*, G. Martinelli, Firenze 1979.
GREESON R.R., *Tecnica e pratica psicoanalitica*, Feltrinelli, Milano 1992.
HARTMAN H. - KRIS E. - LOEWENSTEIN R.M., Comments on the Formation of Psychic Structure, *The personalytic study of the child*, 2-11-39.
JEAMMET P., *Psicopatologia dell'adolescenza*, Borla, Roma 1999.
JOSSELYN IRENE M., *L'adolescente e il suo mondo*, Giunti Barbera, Firenze 1964.
KANT H., *Potere, coraggio e narcisismo*, Astrolabio, Roma 1986.
KAUFMANN S.C., *La trame conjugale*, Essais Recherches, Nathan, Paris 1992.
KERNBERG O., *Sindrome marginale e narcisismo patologico*, Bollati-Boringhieri, Torino 1978.
KLEIN M., *Scritti 1921-1958*, Boringhieri, Torino 1978.
KREISLER L. - SOULÉ M., *Il bambino e il suo corpo*, Astrolabio, Roma 1997.
KREISLER L., *Le nouvel enfant du désordre psychosomatique*, Paris, Privat 1992.
LALLI N., *Manuale di psichiatria e psicoterapia*, Liguori, Napoli 1991.
LAUFER M. - LAUFER E., *Adolescence et rupture du développement*, Paris, Puf 1989.
LEBOVICI S. - SOULÉ M., *La conoscenza del bambino e la psicoanalisi*, Feltrinelli, Milano 1977.
MAHLER M., *Le psicosi infantili*, Boringhieri, Torino 1976.
MAHLER M., *On Human Symbiosis and The Vicissitudes of*

individuation, Infantile Psychosis, International Universities Press, New York.
MELTZER D., *Esplorazioni sull'autismo*, Boringhieri, Torino 1977.
MELTZER D., *Stati sessuali della mente*, Armando, Roma 1983.
MILLER A., *La connaissance interdite*, Aubier, Paris 1990.
MILLER A., *La persecuzione del bambino*, Bollati Boringhieri, Torino 1989.
MILLER D., *Adolescenza e terapia*, Borla, Roma 1990.
NOVELLETTO A., *Psichiatria psicoanalitica dell'adolescenza*, Borla, Roma 1991.
PALACIO ESPASA F. - DUFOUR R., *Diagnostic structurel chez l'enfant*, Paris, Masson 1995.
PEARSON A., *Manuale di psicoanalisi del bambino e dell'adolescente*, Bollati Boringhieri, Torino 1990.
ROSENFELD D. - MISES R. - ROSOLATO G., *La funzione paterna*, Borla, Roma 1995.
SIBILIA L. - BORGO S., *Comportamento alimentare e obesità*, Società Editrice Universo, Roma 1983.
SPENCER BLOCH, *Adolescent development, Psychopathology and Treatment*, International Universities Press, New York 1995.
SPITZ R., *La relazione madre bambino*, Giunti Barbera, Firenze 1969.
STERN D., *Il mondo interpersonale del bambino*, Bollati Boringhieri, Torino 1987.
STERN D., *La costellazione materna*, Bollati Boringhieri, Torino 1995.
TISSERON S. - TOROK M. ed altri, *Lo psichismo alla prova delle generazioni*, Borla, Roma 1997.
TROADEC B., *Le développement de la pensée chez l'enfant*, Presses Universitaires du Mirail, 1999.
WIDLÖCHER D., *La formazione della personalità nell'infanzia*, Armando Editore, Roma 1994.
WINNICOTT D.W., *Colloqui con i genitori*, Raffaello Cortina, Milano 1993.
WINNICOTT D.W., *L'enfant et le monde extérieur*, Payot, Paris 1972.
WOLLAN H., *L'evoluzione psicologica del bambino*, Boringhieri, Torino 1974.

Indice

a cura di

A. De Mijolla e S. De Mijolla Mellor

PSICOANALISI

pagg. 896 – € 72,30

Questo volume è destinato in primo luogo a studenti e studiosi che desiderano conoscere i princìpi fondamentali della psicoanalisi: studenti e studiosi di psicologia, essenzialmente, ma anche di medicina, lettere, filosofia e scienze umane in generale. Si rivolge anche a tutti gli psicoanalisti e psicoterapeuti che, proseguendo la loro formazione, hanno spesso necessità di affiancare qualche riferimento di facile consultazione, senza smarrire la complessa articolazione dello psichismo inconscio, alle riflessioni ispirate loro dai seminari cui partecipano e dalle cure che conducono.
Vuole inoltre offrire agli specialisti di altre discipline che hanno rapporti più o meno stretti e frequenti con la psicoanalisi (medici, avvocati, giuristi, filosofi, sociologi, insegnanti, critici letterari o d'arte, uomini di teatro o di cinema) un lavoro di riferimento che, al di là dei gerghi o delle mode, possa rispondere agli interrogativi ch'essi si pongono, presentando in maniera al tempo stesso approfondita e maneggevole i concetti psicoanalitici, spesso poco o superficialmente conosciuti nonostante siano frequentemente menzionati.
Questo volume di *Psicoanalisi* si rivolge dunque ad ogni persona desiderosa di accostarsi alla psicoanalisi o di fare il punto su una teoria ed una pratica che, dall'inizio del XX secolo, hanno sconvolto lo sguardo che l'uomo getta su se stesso, sul suo passato e sul suo rapporto con gli altri.

Contributi di:
Paul-Laurent Assoun, Annie Birraux, Raymond Cahn, Alain Fine, Bernard Golse, Philippe Gutton, Alain de Mijolla, Sophie de Mijolla Mellor, Jean-François Rabain, Odon Vallet

Didier Anzieu

CREARE DISTRUGGERE

pagg. 304 - € 21,69

Con questo nuovo libro, Didier Anzieu porta avanti la sua riflessione sul lavoro psichico creativo avviato con *Le corps de l'oeuvre* e abbozza così un bilancio della sua vita intellettuale per tentare di coglierne l'unità di direzione. I diciotto capitoli di quest'opera gli consentono di mostrare quanto il lavoro creativo sia una medaglia la cui faccia negativa, distruttiva è indissociabile dalla faccia positiva e creativa.
La prima parte illustra questa idea direttiva e analizza questo duplice versante in particolare attraverso l'autoanalisi dei sogni di Freud e la scoperta della psicoanalisi, la creazione romanzesca di Julien Gracq, la proiezione nell'opera letteraria delle strutture narcisistiche dell'autore. In seguito, due parti importanti vengono dedicate da un lato all'opera di Samuel Beckett, dall'altro alla storia della scoperta e dello sviluppo da parte dell'autore della nozione di *Io-pelle*. Esse costituiscono una perfetta introduzione alle molteplici sfaccettature della vita psichica analizzata da Didier Anzieu: transfert paradossale, attaccamento al negativo, illusione duale nella coppia, attacco ai processi creativi da parte delle pulsioni di morte e modo di eluderle. L'insieme permette un nuovo accesso ad articoli di riviste o a contributi ad opere collettive di difficile accesso pubblicati in questi ultimi venticinque anni. Nella sua diversità esso testimonia la ricchezza di una delle opere maggiori delle scienze umane contemporanee.

DIDIER ANZIEU è stato professore di psicologia clinica all'Università di Parigi X Nanterre e vicepresidente dell'Associazione psicoanalitica di Francia. È autore di numerose opere. Le Edizioni Borla hanno pubblicato: *L'Io-pelle, Il gruppo e l'inconscio, Dinamica dei piccoli gruppi, Il pensare.*

J.-B. Pontalis

QUESTO TEMPO CHE NON PASSA

pagg. 176 - € 15,49

«Qual è l'insegnamento che ci lascia la psicoanalisi - intendo l'esperienza, la prova dell'analisi o, ciò che fa lo stesso, la *prova* dell'estraneo - al punto che lo si può considerare il suo insegnamento principale e forse l'unico? È che il tempo non passa. Conseguenza: la psicoanalisi non è, non può essere, del suo tempo. Essa è non di un altro tempo, ma di un tempo altro. È anacronistica o, meglio, secondo Nietzsche, intempestiva. Essa è, dovrebbe essere, indifferente all'aria del tempo». Ecco ciò che questo libro vorrebbe trasmettere, piuttosto che giustificare, attraverso argomenti e prove. Diviso in tre sezioni - *Tempo altro e altro tempo, Movimenti, Incarnazioni* - si propone di esplicitare la famosa ed enigmatica affermazione freudiana secondo la quale l'inconscio ignora il tempo - proprio come i nostri ricordi non hanno età - o ancora ciò che Pascal Quignard ha descritto come una «quinta stagione» che sfugge al tempo misurato dei nostri calendari.
L'opera si conclude con un centone composto, tra gli altri, da brani tratti da romanzi e racconti: *Lo scompartimento ferroviario*, in cui l'autore identifica nello scompartimento, queste «effimere porte chiuse» oggi in via di sparizione, la metafora più adatta ad evocare ciò che succede, si scambia, si sogna, s'inventa nello studio dell'analista.

Finito di stampare dalla Tipostampa s.r.l
Via dei Tipografi, Lama di San Giustino (PG)
nel mese di Novembre 2002